René Depestre

Alléluia pour une femme-jardin

Gallimard

René Depestre est né en 1926 à Haïti. A dix-neuf ans, il publie ses premiers poèmes, *Etincelles*. Il anime une revue, *La Ruche*, qui, à l'occasion de la venue d'André Breton à Port-au-Prince, publie un numéro spécial qui est interdit par le dictateur Lescot. Depestre est incarcéré. Il joue un rôle dans l'effervescence populaire qui chasse le dictateur, mais un Comité exécutif militaire prend le pouvoir et le jeune poète part en exil. D'abord en France, ensuite à Cuba où il va passer vingt ans. En 1978, il revient à Paris et travaille à l'Unesco comme attaché, d'abord au cabinet du directeur général, puis au secteur de la culture pour des programmes de création artistique et littéraire. En 1986, il prend sa retraite pour se consacrer entièrement à la littérature et s'installe à Lézignan-Corbières (Aude).

Son œuvre poétique suit, dans son inspiration, les tribulations de sa vie personnelle, d'Haïti à Cuba. Il a aussi produit des œuvres critiques, *Pour la révolution pour la poésie* (1974) et *Bonjour et adieu à la négritude* (1980). Il a traduit en français des œuvres marquantes de la littérature cubaine, en particulier celles de Nicolas Guillen. Mais c'est surtout à la fiction qu'il s'est consacré ces dernières années, avec les nouvelles d'*Alléluia pour une femme-jardin* (1981) et les romans *Le mât de cocagne* (1979) et *Hadriana dans tous mes rêves* (1988). La joie de vivre caraïbe, la sensualité, l'érotisme solaire, le surréalisme vaudou, une langue qu'on savoure comme un fruit exotique caractérisent ces œuvres que le prix Renaudot a récompensées en 1988.

Alléluia pour
une femme-jardin

Et le cri que, la bouche tordue, cet être, en vain?, veut faire entendre est un immense alléluia *perdu dans le silence sans fin.*

Georges Bataille

PREMIER CHANT

Un vendredi soir, tante Zaza vint dîner à la maison. Elle était fort contrariée parce que, cette semaine-là, personne dans la famille n'était en mesure de l'accompagner en villégiature. La contrariété seyait à ses charmes qui soudain changèrent notre humble souper en un banquet princier. C'était à ne pas y croire : les verres étaient finement taillés dans du baccarat, les assiettes venaient de Sèvres, les couverts étaient en argent étincelant. La nappe avait été brodée par des mains d'Aubusson. L'eau du robinet avait la saveur d'un champagne, le pain le goût d'un grand fromage. Le court-bouillon au poisson exhalait les fragrances de la haute cuisine. La lumière de la pièce ne provenait pas de la lampe, mais des yeux verts piqués d'or de Zaza, tandis que ma fascination tombait tout droit de ses seins.

— Pourquoi Olivier ne viendrait-il pas à la ferme avec moi ? dit-elle.

— Tu sais, Zaza, dit ma mère, Olivier doit travailler à ses devoirs. Et puis il est trop imprudent à la mer. Il s'entête à aller plus loin que tout le monde. Le golfe est infesté de requins. Un malheur est vite arrivé.

— Tu exagères, Agnès, fit mon père. Olivier sait maintenant se tenir convenablement. Rien de fâcheux ne lui arrivera en compagnie de Zaza.

— Bien, dit ma mère sur un ton de résignation, s'il est victime d'un accident vous en serez responsables.

— L'air de la montagne lui fera beaucoup de bien. Ce garçon est toujours enfermé avec ses livres. Olivier, tu ne nageras pas trop loin de la plage, n'est-ce pas, mon chéri, c'est promis? dit ma tante.

Je n'avais pas de voix pour répondre. Je fis un signe affirmatif de la tête.

— Le mieux, reprit Isabelle, c'est que tu viennes passer la nuit chez moi. On sera ainsi à cheval dès l'avant-jour.

— Une bonne idée, dit ma mère, tandis que mon père ne dissimulait pas sa fierté et peut-être même son envie de me voir partir seul avec le prodige de la famille.

Elle avait à peine treize ans quand on commença, à Jacmel, à parler de sa beauté. Trois ans plus tard, on vint de Port-au-Prince la chercher pour en faire une reine de carnaval. Durant le défilé, hommes et femmes de la capitale se livrèrent à toutes les frénésies de l'admiration. Tout en Isabelle Ramonet s'offrait en spectacle et disait aux gens : regardez-moi bien, c'est peut-être une fois, à chaque siècle, qu'on voit passer un être humain dont la chair proclame si haut qu'elle est une aventure éblouissante de l'espèce !

Au passage du char d'Isabelle, le transport de la foule prit des formes mystiques : un jeune homme, après avoir échangé un sourire avec la reine, grimpa d'une haleine sur un cocotier de l'avenue, en poussant des cris d'animal blessé. Un paysan d'âge mûr jeta d'une voix étranglée : « Je te donne une main si tu me lances un baiser ! » Aussitôt, du haut de son trône, Isabelle adressa un baiser à l'inconnu. Celui-ci, tenant sa promesse, sortit de sa poche un coutelas et porta à son poignet gauche un coup d'une violence inouïe. Puis, saisissant la main coupée, il la projeta aux pieds de tante Isa, éclaboussant de sang frais le bas de sa toilette royale. On emmena discrètement le fou et la fête continua avec encore plus de fureur.

Le carnaval passé, des centaines de prétendants demandèrent la jeune fille en mariage. Elle les écarta avec grâce et rentra tout de go à Jacmel. Un arc de triomphe l'attendait à la porte de la petite ville du Sud-Ouest haïtien. « Ce retour tient de l'apothéose d'une princesse des Mille et Une Nuits », annonça le lendemain un journal local. Un an plus tard, elle épousa le fils d'un exportateur de café qui mourut peu de temps après dans un accident de motocyclette.

Le bruit circula que Daniel Locroy était mort d'une mystérieuse maladie qu'il avait contractée dans les bras de sa femme : à mesure qu'il baisait Isabelle, il voyait ses organes génitaux se réduire comme une peau de chagrin. Quand un matin, à son réveil, il découvrit que son sexe avait disparu et qu'il ne lui restait plus qu'une moitié de testicule, il se tua d'une balle à la tête. Un médecin mit fin à ces bobards hallucinants : il avait vu le corps de Locroy déchiqueté au pied d'un arbre, sur la route de Meyer, parmi les débris de la moto.

De nouveaux soupirants apparurent sous les fenêtres de la jeune veuve. Elle signifia fermement à ce monde haletant qu'elle n'entendait pas se remarier. A force de se dérober aux fêtes organisées en son honneur, aux promenades à cheval, aux acrostiches, poèmes et lettres d'amour qui lui étaient adressés, aux *wangas*[1] et aux intrigues provinciales du sang chaud, elle devint le diagramme mythique de la ville. Sa présence s'intégra parfaitement au paysage comme les vieux arbres de la place d'Armes, les eaux du golfe avec la coque rouillée de l'*Albano,* ou la rivière La Gosseline.

Aussi, quand Isabelle Ramonet quitta Jacmel pour un séjour de plusieurs mois en Europe, seuls ses proches souffrirent de son absence. A son retour, il en eût été de même si un article du *Nouvelliste* n'avait révélé que « La toujours ravissante Isabelle Ramonet, l'inoubliable reine du carnaval de 1937, invitée par un metteur en scène européen à faire du cinéma, a aimablement décliné l'offre. Elle a préféré regagner sa ville natale du Sud-Ouest. Un soir où l'ennui de la province sera dans sa vie plus épais que d'habitude, elle se repentira amèrement d'avoir tourné

1. Maléfices.

le talon à une telle gloire. Nous n'hésitons pas à écrire qu'Isabelle perd sans aucun doute l'unique occasion qu'elle avait d'attirer sur son petit pays le rayonnement d'une nouvelle Greta Garbo. Un espoir que rien cependant ne justifie nous laisse croire qu'il n'est pas encore trop tard pour elle de revenir sur son invraisemblable décision. C'est le vœu que, dans ce journal, ses milliers d'admirateurs formulent pour l'avenir de sa beauté. »

Tante Zaza jeta un regard dédaigneux sur ce bavardage. Elle n'accorda pas plus d'attention aux médisances qui accueillirent son retour. Indifférente à la louange et aux brocards, grâce à l'héritage dont elle fut mise en possession à la disparition de Locroy, elle fit construire le premier cinéma de Jacmel. Sur son écran, je vis *Fanfan la Tulipe, Mathias Sandorf,* les histoires de Charlot et bien d'autres films muets.

On raconta alors à Jacmel qu'elle avait investi des capitaux dans une salle de cinéma en souvenir d'un célèbre acteur qui avait été son amant à Paris, et qui l'avait finalement plaquée pour une star scandinave. On ajouta que cet acteur était un homme chanceux, car, s'il avait persévéré dans sa passion, il aurait lui aussi péri dans un accident sur quelque route d'Europe. Une si grande beauté ne pouvait causer que de grands malheurs. On murmura également que l'argent qui avait servi à la construction du cinéma était d'origine magique. Il provenait des fosses que la mère d'Isabelle, la veuve du général César Ramonet, plusieurs années auparavant, avait creusées dans son jardin. Elle avait alors dans une atmosphère de scandale ramené au jour de nombreuses jarres chargées de louis d'or et de vaisselle précieuse.

De fréquents séjours à la campagne reposaient tante Zaza des ragots de Jacmel. Elle possédait une ferme au lieu-dit la Montagne-Envoûtée, sur un plateau qui surplombait la mer. Elle y passait la plupart de ses fins de semaine. Elle n'y allait jamais seule pour éviter qu'on ne lui attribue des amants tirés du même puits d'où l'on avait sorti le cinéma. Elle se faisait chaperonner par une amie ou par sa mère.

Dans notre famille, la mythologie d'Isa ne tenait pas seulement à ses charmes physiques : on n'arrêtait pas de célébrer sa délicatesse, sa bonté, sa simplicité, sa générosité envers les humbles. Elle était toujours prête à rendre service, à combler les gens de prévenances, sans jamais rien demander en retour. On ne lui connaissait pas les sautes d'humeur, les caprices, les accès de vanité, les minauderies et les extravagances qui si souvent gâtent la beauté des femmes. Elle n'était pas un monstre sacré, sinon « une épée au cœur infiniment tendre » comme l'avait appelée un jour un ami de mon père.

Pour moi qui étais son neveu préféré, tante Zaza était inséparable de l'écran qui fascinait les soirées de mon adolescence. Elle était une distributrice de belles images. Souvent elle venait dans la petite salle s'asseoir à mes côtés, et sa présence ajoutait des horizons aux films que je voyais. Pendant longtemps je me laissai croire que c'était de sa chair que partait le faisceau de lumière qui racontait des histoires qui faisaient rêver. Mais à partir de ma quinzième année, je commençai à admirer Zaza pour ce qu'elle était dans la vie réelle.

Assis dans l'obscurité à ses côtés, j'en venais à négliger les contes de l'écran pour me tourner de tout mon sang vers un ciné qui bouleversait autrement mon être. Isa passait innocemment la main dans mes cheveux, sur ma nuque, sur mes jambes nues, sans savoir que son affection me desséchait de la tête aux pieds. Je captais sa présence de femme comme certains animaux sentent s'approcher une grande tempête ou un tremblement de terre.

DEUXIÈME CHANT

Ce soir-là, je dormis dans un lit pliant, dans une chambre contiguë à celle de ma tante. « Il faut qu'on se couche tôt », me dit-elle, posant un chaste baiser sur mon front. J'eus un mal fou à m'endormir. Le pressentiment qui montait en moi était d'une telle intensité qu'il me semblait que mes veines allaient éclater.

Quand on quitta la ville, il faisait encore complètement nuit. J'étais un jeune roi qui, en compagnie d'une princesse étrangère, sa cousine, traversait le sommeil heureux de son royaume. On galopa pendant près de deux heures, maintenant au même rythme nos deux montures. Zaza montait bien à cheval. Elle riait, les cheveux au vent, le corps dressé comme pour voler. J'étais jaloux de son cheval, un pur-sang au poil auburn qui semblait avoir conscience de porter sur son dos l'étoile de la cité. Arrivés à la montagne, on confia nos chevaux au paysan qui prenait soin de la ferme.

— Je ne pensais pas vous voir arriver si tôt, dit Laudrun.

— On est venus à fond de train, répondit ma tante sur un ton d'excuse.

— Olivier est déjà un bon cavalier, dit affectueusement Laudrun.

— A la mer, il faut qu'il soit plus prudent, dit ma tante. Si on y allait tout de suite ? proposat-elle joyeusement.

Quelques minutes après, on prit ensemble le sentier de chèvre qui, après de nombreuses spirales à travers des champs de maïs et de patates douces, s'achevait soudainement sur un amas de roches à pic, aux arêtes aiguës auxquelles la réverbération de la montagne arrachera des éclats de lézards endormis. Au bout de deux cents mètres environ de cette dégringolade de pierres vives, le chemin s'attendrissait sans crier gare autour d'une plage au sable lisse et blanc. Dans la descente, Isabelle s'appuyait sur mon épaule pour ne pas perdre l'équilibre. Je n'osais la regarder dans son maillot de bain. Une fois sur la plage, elle me devança, courant vers la mer. Alors dans ma tête, des images naissaient à la dérive, des images tourbillonnaient, se déchiraient comme des feuilles de bananier dans un cyclone. J'étais né pour le rythme vital de la femme qui fuyait devant moi. Ses courbes se déliaient dans une harmonie incandescente de glandes, de fibres, de tissus, de nerfs, de muscles,

de chair aux rondeurs implacablement lyriques.
Je me mis à courir derrière elle. Quand j'atteignis
à mon tour les premières vagues, elle nageait déjà
à pleins bras. Je me lançai dans son sillage.
Lorsque je parvins à un mètre environ de ses
pieds, elle se retourna brusquement et cria pour
jouer : « Un requin ! Olivier, un requin nous a
repérés. » On se mit à nager avec vigueur vers le
rivage. La houle nous bouscula sur la plage. On
s'y étendit hors d'haleine. On se regardait en
riant, sans pouvoir encore articuler une parole.

— L'eau est vraiment épatante, tu ne trouves
pas ?

— Elle est formidable, dis-je.

— Tu es content d'être venu ?

— Très content, tante Isa.

— C'est fou comme tu as poussé.

— ...

— Tu es déjà plus grand que moi.

— Je ne crois pas.

— Si, mon chéri, qu'est-ce que tu paries ?

On se leva d'un bond pour comparer nos
tailles. Elle me dépassait à peine. Elle avait alors
trente-deux ans. J'avais juste la moitié de son
âge.

— Comme le temps a vite passé, Olivier.

— ...

— Je me souviens du jour de ta naissance
comme si c'était jeudi dernier. Tu es né les pieds
devant, avec une coiffe. Tu n'avais pas cinq
minutes au monde que tu riais déjà. J'ai été la
première à te bercer et à découvrir que tu avais
les yeux aussi verts que les miens. Tu ne
t'arrêtais pas de rire et d'agiter pieds et mains

comme pour saluer gaiement le monde où tu
venais d'entrer. Appelons-le Olivier, proposai-je
à Agnès.

— Pourquoi Olivier ?

— Parce que c'était jadis un symbole de
sagesse et de gloire.

— Je ne suis ni sage ni glorieux.

— Tu es très sage pour ton âge et tu seras
glorieux.

— Et Isabelle, c'est le symbole de quoi ?

— C'est une couleur café au lait, comme moi.
On dit une robe isabelle, un cheval isabelle.

— C'est aussi le nom d'une reine très célèbre.

— A ce sujet il y a un conte charmant : il était
une fois une archiduchesse d'Autriche. Son
époux assiégeait une ville belge. Elle fit le vœu de
changer de chemise seulement à la chute de la
ville. Le siège dura trois ans. Ensuite on donna le
nom de la princesse à la couleur qu'avait la
chemise au bout de son espoir.

Il faisait un soleil fantastique. On découvrait
au loin des barques de pêcheurs. Le ciel et la mer
jouaient éperdument à être la mer et le ciel. On
se raconta des histoires amusantes, entrecoupées
de nos éclats de rire. On se jeta à maintes reprises
dans les vagues. Vers onze heures, on reprit le
chemin de la ferme. On y arriva en sueur, les
lèvres salées, les yeux brûlants. On prit le sentier
qui menait à l'eau douce. La fatigue donnait à la
démarche d'Isa une langueur qui me suffoquait.

Elle avait la chute des reins bien cambrée, les
fesses rondes et pleines, les cuisses et les jambes
d'un long métal sans paille. La fraîcheur de la
source calma mon ardeur. On revint à la maison.

C'était un bungalow au toit de chaume où
régnait toujours une pénombre désaltérante. Il
comportait deux pièces entourées d'une spacieuse véranda. La première pièce était la salle de
séjour et l'autre la chambre à coucher. Je vis le lit
unique, un lit d'autrefois, incroyablement haut.
Ensuite j'aperçus Isa qui quittait son maillot
sans faire attention à moi. Mon corps se mit à
trembler. Mes dents claquaient. J'avais une
espèce de convulsion dans la poitrine, et à peine
pouvais-je respirer. Je sortis rapidement de la
pièce. Elle me rejoignit un instant après, dans un
short blanc et un chemisier à fleurs. Elle rayonnait.

Je rentrai de nouveau dans la chambre pour
me changer. Je ne trouvai pas de lit pliant.
Seulement cette couche nuptiale au milieu de la
pièce. J'allais donc dormir dans le lit d'une
archiduchesse d'Autriche. Peut-être y avait-il un
double matelas ? Non, il n'y avait qu'un seul
matelas. Je grimpai sur le lit et m'y laissai
tomber mollement. Je dus mordre l'oreiller pour
supporter l'afflux de sang qui me cuisait le bas-
ventre.

Je rejoignis ensuite Zaza sous la tonnelle où
elle préparait le déjeuner. Une agréable odeur de
morue fricassée dans l'huile d'olive montait du
réchaud à charbon de bois. Ma tante enlevait
aux piments-boucs leurs pépins, avant de les
jeter dans la poêle qui grésillait bruyamment.

— Tu dois avoir faim, mon chéri. Le déjeuner
sera vite prêt. Voici le menu : salaize de morue
aux piments, bananes mûres frites, tranches
d'avocats et d'aubergines. Comme boisson, du

punch maison. Laudrun a promis de nous appor-
ter les fruits du dessert.

On était assis à la table, l'appétit en action,
quand Laudrun fit son entrée avec un panier
chargé d'oranges, de pamplemousses, de
pommes-cajou, de cirouelles et de grappes de
quenêpes.

— Oh! comme tu nous gâtes, dit Isa.

— Cette année, dit l'homme, je ne sais pas ce
qui se passe avec les papayers, ils refusent de
"donner". Je sais que vous aimez la papaye.

— Merci beaucoup, Laudrun. J'ai aussi un
petit présent pour vous.

Ma tante se leva et reparut avec un foulard
rouge à la main.

— Merci "en-pile, en-pile", ma commère.
J'avais justement besoin d'un foulard rouge pour
emmailloter le général Brise-Fer quand je l'em-
mène le dimanche à la gaguère. Vous avez deviné
ma pensée.

— Est-il toujours redoutable ton coq-bataille?
demanda ma tante.

— Oui, c'est un vaillant garçon!

— Un coq guerrier, dit en riant ma tante.

Nous bûmes nos trois verres aux victoires du
général Brise-Fer.

On passa le reste de la journée à faire, en
compagnie du paysan, le tour de la ferme. On
s'arrêtait à chaque pas, pour écouter l'histoire
des plantes que Laudrun cultivait, la biographie
des animaux qu'il élevait. Le métayer nous parla
aussi des nombreux abus des gardes ruraux et
des propriétaires fonciers dont les paysans de la
région étaient continuellement victimes.

A la fin de l'après-midi, on retourna à la plage.
L'eau était encore tiède. On fit quelques brasses
et on regagna le plateau. La source par contre
avait fraîchi avec la tombée du jour. C'était déjà
le soir. Un samedi soir haïtien pétillant de
boucans sur les collines, d'accords de tam-tams
fusant de partout, d'appels dans les grands
arbres cliquetants d'oiseaux qui se préparaient
au sommeil. On alluma une lampe-tempête. On
dîna sobrement de quelques fruits. Ensuite on
s'installa dans des « dodines » sur la véranda.
Ma tante m'interrogea sur mes études. Je lui dis
qu'après mon bachot je pensais étudier la médecine. Elle me confia que l'un des regrets de sa vie
était qu'elle n'avait pu aller à l'Université. Elle
me parla de son séjour en Europe. Elle y avait
découvert un monde complètement différent du
nôtre. Les gens vivaient dans le vingtième siècle.
Quand on venait d'Haïti, il était naturel de rester
bouche bée devant Paris ou Londres. Mais les
lumières de ces métropoles n'étaient pas aussi
innocentes qu'elles le paraissaient. L'arrivée de
Laudrun interrompit notre conversation.

Laudrun était un petit homme râblé, plein de
verve et de surprise dans ses propos. Il avait des
traits sévères, mais ses yeux rieurs se moquaient
du reste de son visage, surtout quand Laudrun se
mettait à « tirer » des contes. A peine installé sur
la véranda, il dit :

— Cric...

— Crac, répondirent en chœur tante Isa et
moi.

— Il était une fois, dit Laudrun, une jeune
fille qui était tombée amoureuse d'un poisson de

rivière. Elle l'aimait tant qu'elle passait sa vie au
bord de l'eau où vivait son amant. Son occupa-
tion préférée était naturellement la lessive.
Quand elle n'avait pas de linge à laver, elle
restait assise sur la berge comme si elle blanchis-
sait interminablement la toile précieuse de sa
passion. De temps en temps, Zin Thézin pointait
des nageoires éblouies hors de l'eau pour échanger des signes avec sa Lovéna.

« Mais le couple ne vivait pas seulement d'eau
fraîche et de tendresse. Souvent Lovéna quittait
ses vêtements et plongeait dans la rivière rejoin-
dre son mâle-nègre. Zin Thézin bandait son arc
dans la nuit de sa Lovéna.

« Un jour, le père de la jeune fille, fort inquiet
par ses absences prolongées de la maison, se
cacha dans un taillis près de la rivière et ne tarda
pas à découvrir le pot aux roses. Il se garda d'en
parler à sa fille. Il s'arrangea pour l'envoyer le
plus souvent possible au marché, à plusieurs
milles de là, afin de la tenir éloignée de la ferme.

« Un matin, une fois Lovéna partie, il se
dirigea vers la rivière. Il avait appris par cœur les
mots de passe que Lovéna utilisait pour prévenir
son prince qu'il pouvait en toute sécurité se
montrer. Le père se mit à imiter la voix de
Lovéna. Il sentait une haine mystique contre
l'impudent poisson et jubilait à l'idée de le
liquider. Au bout d'un moment, Zin, tout frin-
gant de désir, s'éleva de plus d'un mètre au-
dessus du courant de la rivière. Il y avait
plusieurs jours qu'il n'avait pas disparu dans la
chair vive de sa maîtresse. Le père de Lovéna lui

porta un violent coup de matraque à la tête. Zin Thézin coula à pic.

« Il avait un jour dit à Lovéna que si jamais il lui arrivait quelque malheur, où elle se trouverait, elle en serait avertie par des gouttes de sang à la pointe de son sein gauche. Au moment où Zin Thézin s'éteignait foudroyé au fond de la rivière, Lovéna découvrit au milieu du marché que son sein gauche saignait abondamment. Elle s'élança comme une folle vers la rivière. A son arrivée, il y avait encore une grande tache écarlate à l'endroit où Zin avait sombré. Elle ne poussa pas un cri. Elle prit la direction de la maison. Elle trouva son père sur le seuil.

« — Père, dit-elle, c'est toi qui as tué mon fiancé ?

« — N'as-tu pas honte, espèce de *ti-bouzin* [1], de prodiguer tes faveurs à un animal ?

« — Père, interrompit-elle convulsivement, je ne viens pas discuter avec toi de ce qui est bien ou mal en ce monde. Je veux que tu me répondes par oui ou par non, si c'est toi l'assassin de Zin Thézin ?

« — Oui, dit le père, d'un seul coup de matraque, j'ai envoyé ta canaille de poisson tenir son rang au fond de...

« Il n'eut pas le temps d'achever sa phrase. Il reçut en pleine gorge un horrible coup de machette. Lovéna jeta l'arme du parricide et reprit au pas de course le chemin de la rivière. Elle s'assit dans l'herbe ensoleillée de la berge et commença à chanter

1. Fille facile

Zin Thézin mon poisson fou, Zin ! (bis)
Capitaine de l'eau
Mon poisson fou, Zin !
Prince de mes cuisses
Mon poisson fou, Zin !
Roi de mes peines
Mon poisson fou, Zin !
Ma seule saison
Mon poisson fou, Zin !
Loi de mon sang
Mon poisson fou, Zin !
Mon pauvre amour
Mon poisson fou, Zin !
Zin Thézin, mon poisson fou, Zin ! (bis)

« La famille de Lovéna, blottie dans le taillis, contemplait sans âme la scène. La voix de la jeune fille était si mélodieusement désespérée que personne ne pouvait articuler un mot ni faire un geste. Ils étaient là : mère, frères, oncles, tantes, grand-mère, hébétés, moins vivants que le buisson derrière lequel ils étaient dissimulés. Lovéna chantait à la folie les malheurs de son poisson, les yeux fixés sur la rivière pleine de ciel indifférent. Puis elle se laissa glisser doucement dans le courant, sans interrompre sa complainte d'adieu. Elle avait disparu que sa voix planait encore au-dessus de l'eau. Il y a des gens qui ont le don de l'entendre, certains soirs. Ce sont eux qui, à tort ou à raison, croient qu'il y a un cordon de solidarité qui lie, de manière indestructible, les pierres, les arbres, les poissons et les êtres humains... »

Laudrun « tira » d'autres contes du vieux romancero haïtien. Mais ce fut l'aventure de Zin et de Lovéna qui nous émut le plus. Quand nous fûmes saturés de contes, tante Isabelle dit à Laudrun :

— Il est bien tard. C'est le moment d'aller dormir. Merci beaucoup, Laudrun, pour vos belles histoires.

— Bonne nuit la compagnie, dit l'homme.

— Bonne nuit, compère.

TROISIÈME CHANT

Isa me précéda dans la chambre. Quand j'y entrai à mon tour, elle était déjà en chemise de nuit. Je quittai lentement mes vêtements comme si j'enlevais une armure du xIVe siècle. Quand ma tante passa devant la lampe pour gagner le lit, ses formes intimes, nettement visibles, me coupèrent littéralement le souffle. Je restai un moment, en pyjama, dans un angle de la pièce, attendant je ne savais quoi.

— Ouvre la fenêtre, éteins et viens te coucher, dit-elle.

Je fis comme elle me le demanda. Les draps étaient frais et sentaient bon. J'avais chaud et je respirais mal.

— Bonne nuit, mon chéri.

— Bonne nuit, tante Isa.

Elle s'endormit aussitôt. Moi, je n'y parvenais pas. Ma vue s'habitua peu à peu à l'obscurité de

la pièce. On pouvait distinguer les lignes intenses
de chaque objet. Par la fenêtre, on voyait frisson-
ner les arbres et un coin de ciel étoilé. Quel
dommage de n'être pas né étoile, arbre, poisson,
ou n'importe quoi d'autre, sauf cet animal transi
de peur que j'étais dans le dos de ma princesse.
Je sentais peu à peu sa présence passer dans mon
propre corps. Son sang se déversait et se mettait
à circuler dans mes veines sous l'action d'une
fabuleuse transfusion. Ainsi complètement dro-
gué d'elle, je sombrai dans un profond sommeil.
Je fus réveillé par l'air frais de l'après-minuit qui
soufflait de la mer. Je changeai de côté pour me
réchauffer.

— Tu as froid aussi ? dit Zaza.

— Je vais fermer la fenêtre, dis-je.

— Non, on manquera d'air. Approche-toi de
moi.

J'étais dans ses bras.
J'étais perdu dans ses bras.
J'étais encore en vie dans les bras réveillés de
Zaza.

— N'est-ce pas qu'on a chaud maintenant,
dit-elle, au bout d'un instant.

Je ne dis rien. Je ne pensais pas à l'action de
serrer ni à l'action de bander ni à quoi que ce
soit, sinon que j'étais couché à la folie sur Zaza
Ramonet !

— Tu oublies que je suis ta tante ?

— ...

— Tu as déjà fait l'amour ?

— Oui.

— Avec qui ?

— Nadia.

— Avec Nadi ? Pas possible ! Où ? Quand ?

— L'an dernier, à Meyer, pendant les vacances.

— Tu l'as prise souvent ?

— Chaque jour, tout l'été ! (Je n'exagérais pas.)

— Moi qui croyais ma nièce vierge et qui te prenais pour un petit garçon. Quand as-tu commencé à me désirer ?

— A la plage ce matin ; à la maison, hier soir ; et à vrai dire depuis toujours ; peut-être dès le berceau, pour répondre à ce nom d'Olivier que tu m'as choisi.

Il me montait une confiance joyeuse en moi-même. J'étais couché sur Zaza, vie contre vie, et nos mains s'étreignaient à se broyer comme des personnes indépendantes de nous.

— Moi qui te croyais bien sage.

— ...

— Tu es mon grand poisson fou !

— Et ton père me tuera d'un seul coup de bâton !

— Ceci n'est pas un conte, tu sais.

— Oui.

— Oh ! Comme tu es fort ! Tu es... non... attends que j'enlève la chemise... oh oui... tout mon corps dit oui...

Mes seize ans mangeaient sa bouche. Au début, sa langue et ses dents se crispaient sur mes baisers. Alors, avec les lèvres à demi ouvertes, je l'embrassai doucement, chaudement, aux yeux, aux oreilles, à la nuque, aux tempes, à la saignée

des bras, aux bouts des doigts en mordillant
ceux-ci, et de nouveau en pleine bouche. Pendant
ce temps, mes mains ouvertes en forme de crabe
apprivoisé n'arrêtaient pas de travailler finement
son ventre et ses flancs.

Je la percevais de plus en plus merveilleusement à mesure que je la caressais. Elle se mit
aussi, les lèvres entrouvertes, à m'effleurer délicatement les épaules, le torse, le ventre, tout le
corps, sexe compris. J'allumai à mon tour ses
pieds, ses mollets, ses genoux, ses cuisses, et son
pubis somptueux. Puis je m'attardai à ses fesses
pleines, rondes et fermes, qui tournaient comme
un phare à double foyer solidaire de mes
caresses. Egalement, chacun de ses seins se
révéla à mon toucher un monde en abrégé qui
reflétait le fabuleux univers de Zaza. Soudain ma
soif chercha avec fureur les hormones fraîches de
sa beauté, à la source même, fou que j'étais de
goûter à Zaza. Et ma langue s'affina pour
marquer les secondes du temps lumineux de son
vagin. C'était un sexe au clitoris souple et
vibrant, à la vulve bien ouvrée, comestible,
fruitée, gonflée d'émotions. J'étais greffé à sa
richesse déhiscente qui s'ouvrait à ma dégusta-
tion comme un fruit prodigieux qui, avec sa soie
grège, son regard profond et humide, ses dents
veloutées, le modelé de ses belles et fortes lèvres,
ses pommettes hautes, était un second visage qui
rythmait, jouait, exprimait jusqu'à l'extase la
saveur, la beauté, la joie et la grâce indestructi-
bles de l'espèce. Ayant de ce côté assouvi notre
appétence, je revins à sa bouche consentante à
ma bouche, et nos sexes voracement entés l'un à

l'autre s'enflammèrent pour de bon, l'un galo-
pant l'autre, l'un naviguant l'autre, l'un pani-
fiant et vivant joyeusement l'autre dans un
orgasme qui a plusieurs reprises au cours de la
nuit nous projeta éblouis jusqu'aux confins vertigineux de nous-mêmes !

Quand l'aube pointa avec les coqs des arbres
voisins, on eut envie de courir tout nus vers la
plage. On arriva au bas de la falaise, le sang de
nouveau en ébullition. On roula dans le sable
frais jusqu'aux premières vagues, et là, dans la
marée, encore une fois, pour fermer la nuit sur un
chiffre impair, on demanda à la vie son sel, son
plancton, ses ressacs, ses meules et ses outils les
plus secrets. Ce coït marin nous accorda à un
rythme anonyme et multiple. Antérieur à la
légende d'Adam et à la crucifixion du Christ, il fit
de Zaza et moi un seul souffle cosmique qui se
brisa de bonne fatigue dans la fraîcheur du petit
matin.

On regagna en triomphe la ferme. Notre
lassitude riait aux éclats. Nous étions heureux de
tout ce que nous avions fait, heureux d'être en vie
nom de Dieu dans ce dimanche qui nous ouvrait
tendrement ses beaux bras haïtiens. On dormit
jusqu'à midi. On se réveilla en pleine forme avec
une faim féroce. A peu de temps de là, on était
assis en face du déjeuner que la gentillesse de
Laudrun nous avait préparé : poulet grillé aux
piments, bananes mûres à l'eau, beignets de
poisson, patates douces boucanées, salades d'aubergines et de tomates, riz aux haricots rouges
étendu de lait de coco et truffé de petits morceaux
de bœuf salé, tranches d'ananas et de pastèque et

comme boisson un punch de montagne digne de nos vertiges derniers.

La table était servie sur la véranda. Une brise chaude venait du golfe, mais la jupe blanche de Zaza rafraîchissait l'après-midi. On déjeuna en silence, dans un ravissement muet. Quand je levais la tête de mon assiette, je retrouvais dans les yeux de mon aimée les merveilles de la nuit, maintenant piquées et irisées de points d'or. Après le repas, j'aidai Isa à laver la vaisselle. On alla ensuite faire une promenade digestive.

La mer tissait devant nous des kilomètres de dentelle où, à intervalles, l'espièglerie d'une vague de fond levait une énorme fleur d'écume. Zaza me précédait dans le sentier. A la regarder ondoyer sensuellement devant moi, j'étais saisi d'une rage homicide envers tous ceux qui ont discrédité la chair de la femme. Où étaient-ils enterrés les prophètes écumants d'éjaculation précoce qui ont inventé que les charmes de la femme induisent en erreur et au mal? Je ferais éclater de la dynamite sur la tombe de ces procureurs vindicatifs et barbares qui, au long des âges, ont cherché à séparer la cadence du corps féminin de celle des saisons, des arbres, du vent, de la pluie et de la mer. A regarder Zaza marcher, roulant sous le soleil ses flots sensuels, sa chair aux rondeurs de fruit, ses fesses qui avaient la rotondité de la bonne terre prête aux labours, je pensai à la terreur et au dégoût que les religions du salut ont suscités autour des organes sexuels de la femme.

N'a-t-on pas, dans la plupart des langues, recours aux mots les plus orduriers pour nommer le sexe de la femme? Ce sont partout les mêmes vocables grossiers qui servent à agonir d'injures et diffamer le vagin : con, *cunt, coco, pussy, bohio, porra, coño, twat,* etc. On entend dire : un tel est un sale con, *por el coño de su madre, kolanguette man-man'ou, lambi bounda mammam'ou!* etc. Tandis qu'Isa marchait dans l'après-midi, je chassais de ma vie à coups de couteau les mythes funèbres ou répugnants qui ont enténébré et humilié la femme en présentant son sexe comme l'extrême cap avilissant des relations humaines !

On était arrivés au bord de la falaise, à un endroit où s'élevait une cocoteraie. On dominait le golfe de Jacmel dans toute son étendue.

— Si on s'asseyait ici, dit Zaza, avisant un tronc d'arbre.

Nous étions assis flanc contre flanc. L'après-midi était sans une ride : aussi lisse que le ciel ou la mer ou ce que la vie de Zaza était à mes yeux. Au loin, les barques des pêcheurs paraissaient immobiles. Des bandes d'oiseaux volaient dans un ordre parfait, seul mouvement entre le ciel et l'eau. Nos souvenirs gagnaient en nous de l'espace comme ces mouettes futures de leur nid du soir, et ouvraient à notre joie un crédit aussi vaste que le golfe. Notre silence avait la qualité de ce que nous avions fait la nuit précédente et de ce qui nous attendait.

La mer s'éteignit peu à peu, entraînant dans son ombre immense les barques, le sable, les arêtes de la falaise, le ciel, les cocotiers et nous. Une étoile parut, suivie de milliers d'autres. On se dirigea vers le bungalow. On dîna à la hâte de lait de chèvre et de salade de fruits. On se jeta ensuite sur le lit sans éteindre la lampe. A Isa aussi nue que la lumière, je dis à quoi je songeais alors qu'elle avançait devant moi dans le sentier. Sans aucune honte, avec une souveraine simplicité, elle écarta les cuisses pour que je célèbre avec les mots frais de mes seize ans la gloire de son sexe !

Alléluia pour toi, pulsation majeure de la vie !

Alléluia pour ta patience d'hormones joyeuses dans la nuit de la femme ! Je te salue et te présente à la vénération du monde. Par amour de toi, je suis prêt à traverser des déserts et des forêts vierges, à défier les bûchers et les chaises électriques, les chambres à gaz et les salles de tortures. Je plante ta révolte aux coins des rues de la terre pour convertir à ton rayonnement ceux qui voient en toi une géométrie de ténèbres. Tu n'es ni un astre ni un fruit mystique qui brillent sur notre destinée.

Tu n'es ni ostensoir ni cloaque ni source de tristesse et de perdition. Je ne suis ni ton prophète ni ton esclave ni ton grand *macho*, mais simplement un homme fasciné qui proclame après t'avoir vécue que ton rythme appartient aux lois qui font que le vent se lève, que le soleil succède à la nuit, que la lune et les étoiles, la pluie et la neige, tiennent leurs promesses envers les douces moissons de la terre !

Par toi, l'unité et la solidarité de la vie se maintiennent malgré l'immense micmac mental où pataugent les vivants !

DERNIER CHANT

Notre liaison dura deux belles années. On s'arrangea pour se retrouver chaque fin de semaine dans la montagne. Mes études, loin d'en souffrir, y trouvèrent au contraire des ailes qui rassurèrent mes parents. Les jours où grand-mère nous accompagnait, je dormais sur la véranda, dans un lit pliant. Grand-mère, à la suite d'un accident, était à demi paralysée d'une jambe et ne pouvait s'aventurer dans le sentier qui dévalait vers la plage. Ainsi, Zaza et moi, quand on ne s'aimait pas directement dans la mer, on faisait l'amour dans les anfractuosités des rochers. Nos longues absences agaçaient César (grand-mère Cécilia portait ce nom d'homme depuis la mort du père d'Isabelle, le général César Ramonet, mon grand-père, qu'on fusilla lors d'une jacquerie dans les mornes de Jacmel). César nous jetait des regards méfiants en nous voyant arriver de la plage, les yeux étincelants, les gestes chancelants, silencieux et transfigurés comme certains arbres après la tempête. Mais son soupçon n'allait pas au-delà d'un marmottement de sa célèbre bouche. On se le tint toutefois pour dit. En sa présence on évita tout regard, propos ou geste qui auraient pu nous trahir. J'étais le neveu bien élevé qui tenait compagnie à la perle des tantes.

A la longue, on ne se contenta plus de nos rencontres hebdomadaires de la montagne. Souvent, en fin d'après-midi, à la sortie du lycée, je faisais un saut chez elle avant de rentrer à la maison. Elle habitait dans la ville basse une villa perdue dans la verdure. Avant d'y arriver, dans les derniers deux cents mètres, on descendait une rue étroite, tout en escalier, qui était l'un des charmes du vieux Jacmel. Depuis, chaque fois que dans une cité étrangère je descends les marches d'une rue pareille, je suis toujours, même en pleine lueur de midi, envahi par la fraîche pénombre où Zaza, merveilleusement nue, m'attendait. On succombait aux mêmes cieux. On appelait ce rendez-vous ma « deuxième classe de philosophie », et à cette école à l'orée du soir, on ne savait qui était l'élève et qui était le professeur, tandis qu'on rivalisait d'imagination et de fantaisie.

Un soir venteux d'octobre, alors que j'étais penché sur un texte grec, une rumeur entra à pas de monstre au logis de mes parents : le ciné Parisiana était en flammes. Tout Jacmel dégringolait vers le sinistre. Quand j'arrivai à mon tour sur les lieux, le ciné était un joyeux brasier dans le vent du golfe. On ne voyait pas Isa. Où était-elle passée ? Etait-elle restée chez elle ? Son nom volait d'une personne à l'autre de la foule. L'idiot de la ville finit par informer qu'il l'avait vue, quelques minutes auparavant, pénétrer dans le cinéma par une porte latérale de secours, alors qu'elle disait avoir entendu crier dans la salle. Une fois l'incendie maîtrisé, on retira de la fournaise un corps inconnu, carbonisé, qu'un bracelet permit d'identifier comme ce qui restait de Zaza Ramonet.

Le lendemain après-midi, la ville l'accompagna au cimetière. Durant l'immense cortège, les bouches tordues de ceux qui l'avaient aimée employaient à son sujet des mots comme reine, héroïne, merveille. Je voyais aussi les yeux égarés de ceux qui l'avaient en vain convoitée, diffamée, brocardée, et qui à cet instant de son néant ne savaient comment se faire pardonner du fagot d'os calcinés qu'elle était maintenant sous sa montagne de roses.

Il y eut ensuite la cérémonie religieuse : le vieux père Naélo, entouré de ses diacres, de ses cierges et des autres pompes des somptueux enterrements, prononça une brève oraison. C'était à ne pas croire mes oreilles. Il révéla qu'Isabelle Ramonet avait été la plus généreuse bienfaitrice de la paroisse, et que si belle était également son âme que saint Philippe et saint Jacques, les deux patrons de Jacmel, n'étaient pas demeurés les mêmes après l'avoir vue et écoutée dans leur église. Il dit que la fin horrible qu'elle avait eue n'était que le déguisement sous lequel Dieu avait décidé de lui faire quitter ce monde, et que dans son nouveau royaume elle avait déjà retrouvé sa splendeur qui continuait de plus belle à rafraîchir, comme une eau courante au matin, les mains et les pieds tuméfiés du Rédempteur !

Quand le convoi se remit en marche pour la dernière traversée de Jacmel, je notai l'affairement ridicule de beaucoup d'hommes pour aider à porter un cercueil plus léger qu'un nid abandonné. Soudain, ce fut la terre qui d'un seul coup l'avala avec ses fleurs.

Il y eut le retour dans le soir précocement arrivé sur les vivants et les trépassés. C'était la première nuit de la ville sans son étoile. A l'heure du dîner, dans les maisons, on ne parlait que de Zaza : la vie qu'elle avait eue, sa beauté, sa bonté, sa finesse, le vent, le feu, le charbon qu'elle était devenue pour s'en aller avec son cinéma.

Dans la cage de verre où j'étais coincé avec mon malheur, je ne pouvais empêcher que ma femme-jardin ne soit, dans des milliers de têtes inclinées sur le repas du soir, un souvenir qui se prête à la légende, au mythe, au récit constellé de cris d'émerveillement.

Roséna
dans la montagne

Qu'ils sont beaux, sur les montagnes, les pieds du messager qui apporte de bonnes nouvelles.

Isaïe

1

Cette année-là, je voulais devenir un saint. La vocation montait dans ma vie comme l'eau dans un puits. Un après-midi de novembre, à la sortie de l'école, je poussai la grille du petit séminaire-collège Saint-Martial, l'institution des pères du Saint-Esprit. Je demandai à voir le père James Mulligan. On me pria d'attendre au parloir, car le père n'avait pas terminé sa classe du jour. Ce missionnaire irlandais avait dans la ville la réputation d'un homme de sagesse et de science. Il enseignait la philosophie au collège de la rue des Miracles. Il m'accueillit cordialement et m'invita à le suivre dans sa chambre. La pièce sentait bon l'eau de lavande et les draps frais. Les murs étaient tapissés de livres. De hautes piles de bouquins s'entassaient également sur la table de chevet et jusque sur un prie-Dieu. Sur le bureau du prêtre, des roses encore dans leur état du matin égayaient un fouillis ordonné de cahiers et de dossiers. Les branches d'un arbre ensoleillé mettaient à la fenêtre un lyrisme d'oiseaux. Ce n'était pas ainsi que j'avais imaginé la cellule d'un saint, mais le confort studieux et la propreté de la chambre m'en imposaient.

Aussitôt assis, je commençai à exposer les motifs de ma visite. J'expliquai pourquoi je m'adressais à un ordre religieux plutôt qu'au clergé séculier. Je me sentais destiné à me lever chaque jour de ma vie à deux heures du matin, à dormir chaque nuit dans mon cercueil, et à prononcer trois mots par semaine. L'idéal pour moi eût été la Trappe, mais il n'y avait pas de monastère trappiste dans le pays. Si le monde est une vallée de larmes, Haïti est le coin le mieux arrosé de la vallée. Né haïtien, je voyais alors dans la sainteté la seule façon d'attirer l'attention du Christ sur une terre sans tendresse ni consolation.

Je développai pendant plus d'une heure ces idées avec une véhémence qui blessait ma bouche. Le père Mulligan me dit que c'était admirable de répondre à l'appel qui battait si fort en moi. Il était de mon avis : dans les Amériques, le pire des malheurs était de naître en Haïti. Il comprenait bien pourquoi je visais l'extrême mesure de la douleur et du renoncement. Il ajouta que le feu séditieux dont je paraissais intérieurement brûlé n'avait pas terni dans mes traits la candeur de l'enfance. Mon visage, à ses yeux, se détachait avec insolence de la banalité des jeunes gens qu'il avait, cette année-là, dans la classe de philosophie. Il ne sentait heureusement en moi ni un vendeur de marchandises importées ni un sénateur ou un secrétaire d'Etat. J'étais un appelé qui, dans un état de révolte, prenait au matin le départ vers la grande aventure du sacerdoce. Dieu m'avait semé pour ses desseins dans ce pays sans douceur ni lumière. Tandis qu'il parlait, les rides qu'il avait au coin de ses yeux d'Irlande se plissaient de joie.

— Acceptez, mon fils, le mystère et la violence de cet appel. Ne précipitez pas sa sève. La sainteté est un arbre qui a l'éternité du Seigneur devant lui. Méfiez-vous de l'impatience : c'est une flèche à l'arc de Satan !

Ensuite, il m'interrogea sur mes parents et sur le milieu où je vivais à Port-au-Prince.

J'étais l'aîné d'une famille de sept enfants. Après la mort prématurée de mon père, voilà déjà des années, nous étions restés littéralement sans le sou. Notre mère était couturière, après avoir essayé dix autres occupations. Du matin à la nuit, ses mains, pour nous abriter, nous donner à manger, nous habiller, nous envoyer à l'école, actionnaient sans répit une poussive machine Singer.

Notre maison, dans le quartier de Tête-Bœuf, avait deux pièces, sans électricité ni eau courante ; les fosses d'aisances, dans la cour, étaient surmontées d'une espèce de guérite aux planches mal jointes, sans aucune intimité. Quand elles étaient pleines, on appelait les *bayacous*[1] pour les vidanger. Ces hommes travaillaient à la pelle, avec des ordures fécales jusqu'à la ceinture. Ces nuits-là, dans notre rue, personne ne pouvait fermer l'œil. Tout Tête-Bœuf guettait à l'aube le

1. Vidangeurs.

départ du camion qui emportait les sinistres récipients de fèces. On imaginait les vidangeurs munis d'ailes de charognards ou de museaux de chacals. A découvrir qu'ils étaient des êtres humains, on leur lançait des pierres, des bouteilles vides et des injures.

J'aurais dû, depuis longtemps, entrer en apprentissage chez un tailleur ou un cordonnier de la ville. Mais ma mère n'avait rien voulu entendre. Elle tenait à ce que je pousse mes études jusqu'au bachot pour pouvoir ensuite m'inscrire à la faculté de médecine. Elle me voyait dans l'avenir avec une blouse de médecin, installé dans un des beaux quartiers de Port-au-Prince. C'était son rêve le plus cher, et, pour le réaliser, quand la Singer serait bonne pour la ferraille, elle serait, disait-elle, capable de se vendre aux commerçants du Bord-de-mer. Elle le répétait avec une espèce de rage glacée dans la voix. Elle l'avouait même quand il y avait des gens à la maison. Elle ne diminuait pas pour autant dans leur estime, car, dans notre quartier, la plupart des femmes, poussées par la faim, n'avaient pas honte de coucher pour de l'argent.

Je confiai au père Mulligan que pendant la morte-saison, quand ma mère ne trouvait rien à coudre, elle forgeait le budget de la famille en tirant les cartes pour les maçons, les ferblantiers, les domestiques, les chaudronniers, les prostituées, les voleurs et autres voisins de Tête-Bœuf qui, à longueur de journée, venaient la consulter. Elle lisait l'avenir dans ces mains le plus souvent en chômage. Ou encore elle faisait semblant de changer complètement de personnalité, préten-

dument habitée par l'un des esprits du vaudou.
Elle allongeait le visage, durcissait ses traits et
prodiguait d'une voix de fausset conseils et
encouragements à des clients qui l'écoutaient au
bord du transport mystique. Dès qu'ils étaient
partis, ma mère riait aux éclats avec nous, sans
pouvoir toutefois dissimuler les larmes qui, au
même instant, voilaient l'extrême dignité de ses
yeux.

Chaque année, elle embarquait son petit
monde dans un *tap-tap*[1] en direction de la Croix-
des-Bouquets. A une bifurcation de la route, le
camion stoppait, et nous faisions une dizaine de
kilomètres à pied jusqu'à la ferme de Dorélia
Dantor. Durant les deux ou trois jours qu'on
passait chez la fameuse *mambo*[2], chacun de nous
recevait, à tour de rôle, un « bain de charme »
longuement préparé avec des feuilles d'oranger,
de l'aqua divina, des fleurs de jasmin, du sirop
d'orgeat, du clairin et des amandes pulvérisées.
Dorélia nous baignait aussi dans une infusion
d'ail, de cive, de thym, de farine de manioc, de
tafia, de café salé et de feuilles de bois-caca. Elle
nous faisait avaler des tisanes et des décoctions
de diverses plantes aromatiques, ou bien elle
tendait à chacun un grand verre d'huile palma-
christi qu'elle avait préalablement fait bouillir
avec du gros savon râpé. Pour rendre notre sang
encore plus amer au goût des sorciers, elle nous
obligea une fois à manger des cancrelats fricassés
dans de l'huile de ricin, relevés d'ail et de

1. Transport en commun, aux parois colorées de peintures naïves.
2. Prêtresse du vaudou.

muscade. Ces traitements devaient forcer le
guignon, le mauvais œil et les maladies surnatu-
relles à détaler de nos corps comme des lapins.
Parfois deux hommes saisissaient l'un de nous
par les jambes et le balançaient un instant, la tête
en bas, au-dessus d'un bûcher rituel. Pendant ce
temps, sous le battement des tambours, au milieu
des chants des *hounsis*[1], l'assistance invoquait
Guédé Nibo, général Grand-Bois, capitaine
Maloulou, maître Cimetière-Boumba. Tous ces
dieux nous étaient aussi familiers que les fourmis
et les rats de notre maison de Tête-Bœuf. La
cérémonie en leur honneur durait toute la nuit.
Dorélia officiait, vêtue de rouge, un tricorne en
fer-blanc ou un chapeau chinois sur la tête, du
coton dans les oreilles et les narines. Un soir, elle
envoya au diable ses accoutrements et donna son
corps nu à lécher à des flammes en érection. Le
coït mystique terminé, il n'y eut pas la moindre
trace de brûlure sur la peau lisse de la femme.

Cette dernière évocation amena le père Mulligan à me poser des questions sur mes expériences
sexuelles. Avais-je déjà consommé le péché de la
chair ? Je lui racontai tout ce que j'en savais. Je
vivais dans un milieu où les gens n'avaient
généralement pas honte de leurs organes intimes
ni de leur faculté d'en jouir le mieux possible. Ils
en parlaient et en usaient librement. Les garçons
et les filles éprouvent un sentiment de fierté pour
leur pénis et leur vagin, à découvrir qu'ils sont
des sources de joie extrêmement bienfaisantes
pour leur équilibre et leur santé. Chacun sait très

1. Assistantes du prêtre vaudou.

tôt ce que veulent dire le sang des règles, la rondeur des fesses et des seins, la cadence des reins et des hanches chez les filles ; et ce que le membre, les testicules, l'érection, l'éjaculation et le sperme représentent pour l'homme. Cette découverte, loin de provoquer des réflexes de culpabilité, suscite, au contraire, chez les deux sexes, une joyeuse confiance en soi. L'initiation aux rapports physiques se fait le plus naturellement du monde, au hasard des rencontres et des séances animées de « pelotage » dans l'ombre des galeries du quartier.

Mais la vérité était, aussi invraisemblable que cela pût paraître, que je n'avais encore jamais baisé, ce qui s'appelle baiser. Je savais de l'acte sexuel tout ce que l'on peut en savoir. J'avais épié des couples faisant l'amour. Ce spectacle m'avait paru très sain et d'une beauté qui m'avait, chaque fois, coupé le souffle. Je m'étais fréquemment masturbé, solitairement ou en groupe, sans crainte ni dégoût, dans la joie la plus spontanée. De même il m'était arrivé, comme à la plupart de mes compagnons de jeux, de masser mon sexe avec du beurre de cacao, dans l'espoir d'en augmenter le diamètre et la longueur. Une ou deux fois, à la campagne, j'avais essayé de forniquer avec une chèvre ou une génisse, sans aucun enthousiasme particulier. Cependant, malgré ces expériences précoces, mon sexe n'avait pas encore eu l'occasion de disparaître joyeusement dans le sexe d'une jeune fille. Si l'acte d'amour était un péché, je n'avais aucun mérite de ne l'avoir pas commis ; si la chasteté était une vertu, je la pratiquais d'instinct.

Le père me dit que le fait que j'avais, pendant des années, baigné dans le paganisme sans abîmer mon innocence était la preuve que ma vocation poussait dans un terreau privilégié. Dieu, quand il va confier une haute mission à l'un de ses élus, fait souvent exprès d'exercer longtemps son âme et sa chair aux miasmes du péché. L'histoire de l'Eglise fourmille d'hommes qui ont eu à traverser des kilomètres de marécages sans souiller leur pureté. C'était sans doute ce qui m'était arrivé. Désormais, il fallait rompre sans merci avec les excentricités païennes du vaudou et faire de la chasteté l'un des fondements de mon destin.

On parla ensuite des aspects pratiques de ma vocation. J'étais en première au lycée Pétion. J'avais encore deux ans à passer dans ce collège laïque avant de m'initier aux études théologiques. Etais-je doué pour le latin ? Le père Mulligan saisit un ouvrage de Sénèque et m'invita à traduire à livre ouvert un passage cueilli au hasard. Le texte était hérissé de difficultés que je ne parvenais pas à vaincre. J'étais pourtant l'un des meilleurs élèves de ma classe. J'éprouvai un grand trouble. Le père ferma le livre et me dit que je n'avais pas à m'en faire. Ce n'était un secret pour personne que les élèves du lycée Pétion ne brillaient pas par leur connaissance du latin et du grec. Les professeurs de cet établissement impie avaient sans doute d'autres chats à fouetter. Il était prêt à m'aider à combler mes lacunes. Il s'offrait volontiers à me donner trois fois par semaine des leçons de latin. Il me proposait mieux : chaque année il passait les mois de grande chaleur dans une cure que les pères du Saint-Esprit desservent dans la montagne. Je n'avais qu'à venir avec lui l'été prochain. Mon latin fera un bond décisif, et je participerai aussi à ses activités sacerdotales. Quand je me retrouvai dans la rue, je m'aperçus que mon puits intérieur débordait. *Vocatus! Vocatus!* Dans le soir haïtien, le mot latin, rafraîchi à l'émotion qui inondait mes rives, déployait en moi des branches de flamboyant.

2

Ce jour-là, après déjeuner, nous étions assis tous les trois sur la galerie d'une maisonnette perdue sous la verdure, à une centaine de pas de la chapelle de Lamark. Il y avait près d'un mois que nous avions quitté Port-au-Prince. Le père Mulligan fumait en silence le cigare de la digestion. J'aidais Roséna à nettoyer dans un van le riz du dîner. Le père avait demandé à la mère de l'un de ses élèves de lui trouver une gouvernante pour les vacances. On lui avait déniché Roséna Rozel.

C'était une jeune fille de dix-neuf ans, migirofle mi-cannelle quant à la couleur et à l'odeur de sa peau. Elle avait fréquenté l'école jusqu'au baccalauréat, et dans un royaume moins étouffant ses capacités, son port de reine, sa beauté, auraient trouvé un meilleur emploi. Cet été-là, quand on voyait Roséna, il fallait détacher avec la langue chaque syllabe pour convenir qu'elle était é-blou-is-san-te. Et cela dit, si vous étiez un professeur de philosophie dans un établissement religieux ou un futur père du Saint-Esprit, il vous fallait dire beaucoup d'*Ave Maria* pour vous rafraîchir le sang.

— J'attendais une femme de ménage, disait le père Mulligan, et on nous a envoyé une lionne, un scandale biologique! Malheur à ceux par qui le scandale arrive.

Le scandale était là. Il respirait jour et nuit sous le même toit que nous. Il préparait nos repas, lavait et repassait notre linge, faisait nos lits, nous servait à table, et le plus souvent, en semaine, Roséna-scandale était le seul fidèle agenouillé dans la chapelle lorsque j'assistais le prêtre à la messe de l'avant-jour. Maintenant, sur la véranda, le scandale aux yeux de lionne vannait le riz du soir, en secouant les épaules et les seins au-dessus de nos âmes gardées au frais sous les amandiers mystiques du Seigneur.

— Demain, c'est le jour de marché, dit le père.
— Oui, déjà jeudi, fit Roséna. Qui vient cette fois avec moi, vous mon père ou Alain?
— Alain a ses exercices de latin. J'irai avec vous comme la dernière fois, décida impérativement le père.
— Si on emmenait la mule? suggéra Roséna.
— Une bonne idée, Rosée. On pourra acheter un régime de bananes musquées.
— Et peut-être même un cabri, dit Roséna.
— Ah! les belles grillades! dit le père.
— Aux ignames, avec des oignons, une sauce

au rocou et des piments-oiseaux! s'exclama
Roséna.

Le marché se tenait à environ une heure de
trotte du contrefort où s'élevait la chapelle. J'y
avais accompagné Roséna le premier jeudi qui
suivit notre arrivée. On s'était mis en route
immédiatement après la messe. On s'était guidés
sur les paysannes qui par tous les sentiers de la
montagne affluaient vers le marché. Les unes
allaient à pied, les autres montées sur des ânes au
poil et aux sabots brillants de rosée. Sur notre
passage, des ortolans, des ramiers et même des
couples de pintades s'envolaient dans un remous
d'ailes et d'herbes ébouriffées. Les mornes sortaient lentement de l'ombre et dévoilaient ici et là
des cases d'où montaient agréablement l'arôme
et la fumée du premier café qu'on coulait. Nous
avancions à grandes enjambées et en silence.
Roséna me précédait hardiment, me traînant
dans sa belle foulée, sans faire attention aux
ronces qui parfois griffaient ses longues jambes
nues. Le souple effort de la marche portait
lyriquement sur ses fesses, mais, grâce à l'hostie
que j'avais avalée quelques minutes auparavant,
leurs courbes restaient associées dans mes veines
à quelque dessein innocent du bon Dieu.

Au marché, j'avais pu apprécier son talent
pour découvrir d'un coup d'œil le meilleur melon
d'eau, les avocats de belle venue, les œufs
fraîchement pondus, les aubergines, les tomates
et les concombres qui annonçaient des salades de
toute beauté. J'avais pu voir aussi, au gré de nos
achats, qu'elle n'était pas encore née la mar-
chande capable de lui faire payer trop cher une

poule ou le quart d'un régime de figues-bananes.
Nous étions revenus chargés comme des ânes, et
sur le parcours nous avions dû faire des haltes,
dans les montées, pour reprendre souffle dans la
lumière qui était aussi lionne que Roséna Rozel.

— C'est vrai que tu veux te faire prêtre?
m'avait dit Roséna à l'un de ces répits.

— Oui, j'ai la vocation, avais-je dit.

— Que sent-on quand on a la vo-ca-tion?

— On est comme ébloui du dedans. On a le
goût des choses humbles et tendres.

— Comment ça?

— On garde toute la vie l'esprit d'enfance que
la plupart des hommes perdent vite avec l'âge
adulte. On observe jour et nuit les doux
commandements de Dieu. On méprise les
fugaces satisfactions de la chair.

— Ma parole, tu parles déjà comme un curé
en chaire! Ainsi le bon Dieu te défend de goûter à
la femme?

— Oui. La chasteté est un engagement qu'on
prend pour la vie durant.

— Et nos *loas*[1], qui sont aussi des dieux,
pourquoi font-ils librement l'amour? Tu sais,
Damballah Ouédo est marié. Ce n'est pas un
mâle-nègre pour des prunes. Agoué-Taroyo est
aussi fameux pour ses exploits sur la mer que
pour ses coups de rame dans la chair d'Erzuli-
Fredda!

— Nos dieux se soucient seulement des
affaires de la terre. Leur foi est pratique. Nos *loas*
sont ambitieux, ivrognes, roublards et paillards.

1. Divinités du vaudou.

Ils aiment manger, boire, danser et forniquer. Ce sont des bambocheurs qui oublient qu'ils ont une âme à sauver !

— Le père Mulligan t'a fourré ces niaiseries dans la tête ? Hein ? Ça le regarde, s'il tient à garder toute la vie son sexe au réfrigérateur du Saint-Esprit ! Moi, je trouve que nos *loas* ont raison de desserrer, quand ils en ont envie, les genoux de la vie.

— Ce sont des paroles de païenne, Roséna !

— Païenne ! C'est si bon d'être païenne de la tête aux pieds ! Il n'y a aucun mal à ça. Ici, tu vois, la chaleur du paganisme travaille ma chair, dit-elle, en posant la main à plat au centre de son corps. L'âme, l'âme, vous n'avez que cette fumée à la bouche ! Moi, je n'ai pas honte d'être femelle et d'avoir une boulangerie sous ma robe ! Regarde, dit-elle en écartant son corsage, pourquoi devrais-je rougir de les porter si haut ? Et mes cuisses, dit-elle en levant sa jupe jusqu'à la ceinture, crois-tu qu'elles portent de mauvaises nouvelles dans ces montagnes ?

Tout s'était mis soudain à tournoyer : les grands arbres, les seins, le ciel, l'explosion joyeuse de la montagne, le sentier, les cuisses et les fesses solennelles de la lumière dans le matin. L'envie écumait en moi de frapper Roséna à la bouche, tandis que le vagabond de proie que j'avais réussi à dompter se durcissait dans mon pantalon. Je restai cloué sur place, les poings serrés, la tête baissée, tandis que des larmes ruisselaient sur mes joues en feu.

— Je te demande pardon, Alain, dit-elle. Je ne voulais pas te faire de la peine. C'est plus fort que

moi, quand ça me prend. A ma naissance, on a
dû me frotter la plante des pieds et les points vifs
de mon corps avec un bain de piments. Par-
donne-moi !

Elle se rapprocha et m'essuya le visage. De
minuscules perles de sueur brillaient sur son
front et ses bras. Elle était tout contre moi : je
sentais son odeur de cannelle, j'écoutais son
souffle échauffé et je voyais ma perdition prendre
la couleur et l'éclat de ses yeux. Elle était une
force satanique de séduction et ses seins battaient
à ma gorge même !

— Faisons la paix, frérot, répétait-elle avec
une moue de tendresse. Je te promets de ne plus
parler de ça. Dis, mon doux berger, on fait la
paix avec Roséna ?

— Oui, dis-je sans la regarder.

Maintenant, elle agitait le van et mettait le riz
nettoyé dans un grand plat en métal, et cette
besogne innocente, comme tout ce qu'elle faisait,
était chargée d'électricité. Le jeudi précédent, le
père l'avait accompagnée au marché. Elle avait
dû sans doute exercer sur lui aussi ses charmes.
J'avais noté depuis un changement dans leurs
relations. Une espèce de familiarité tendre était
apparue entre eux. Le père l'appelait Rosée. Il se
permettait des plaisanteries sur sa coquetterie. Il
faisait attention à sa propre tenue. Il ne portait
plus sa soutane et ne retroussait plus le bas de
son pantalon, pas même quand il se mettait à
couper du bois. Il soignait sa barbe et sa
moustache. Chaque après-midi, il changeait de
chemise, et s'aspergeait de lavande, après le
bain. Les fines rides qu'il avait au coin des yeux

n'arrêtaient pas de sourire. Il avait renoncé aux bretelles et arborait une ceinture de cuir havane avec une boucle en métal et les initiales J.M., en relief. Quand Roséna servait à table et qu'elle se penchait pour verser le potage, j'attendais à chaque instant que les yeux du père tombassent dans son corsage. Je chassais tous ces soupçons, les trouvant indignes de ma piété. Mais ils revenaient avec force. La nuit précédente, j'étais en vigie, priant dans mon cœur agité, lorsque je vis le père se lever de son lit. Une mince cloison nous séparait de Roséna, et on percevait ses mouvements quand elle changeait de côté, remuait les cuisses ou rêvait à voix haute. Le père resta un instant tourné vers moi, et à voir que je ne bougeais pas, avec des précautions de fauve aux aguets, il se hissa sur une chaise et se mit à regarder entre la cloison et le plafond. Après un long moment de contemplation, il revint se coucher et alluma une cigarette. Je comprenais pourquoi, de nouveau, il tenait à accompagner Roséna au marché.

Après mon incident avec Roséna, je m'étais empressé, le jour même, de m'ouvrir au prêtre, à la confesse. Il avait d'abord loué les armes que ma pureté avait opposées à l'assaut des « démons » du corps. Il m'avait ensuite reproché mon manque d'habileté. A l'avenir, je devrais me montrer plus ingénieux pasteur. L'âme d'une païenne de ce format est un écheveau qu'il fallait démêler avec art. Il fallait laisser l'opération dans ses mains entraînées. Je n'aurais pas dû heurter de front les sentiments impies de la jeune fille, mais faire semblant d'être leur complice, ruser avec leurs flammes, les côtoyer longuement afin de les conduire avec sagacité dans le giron de Dieu. « La grâce n'est pas contagieuse, très cher enfant, m'avait-il dit. C'est une affaire de patience. » Dieu avait mis cette rosée diabolique sur mon chemin pour éprouver la qualité de l'herbe qui poussait dans ma vie. Je devais prier, afin d'éviter que cette eau qui tombait du coin le plus lucifériens du ciel ne me parût un matin une bénédiction ! Je lui avais promis de suivre ses conseils. Et pendant que je veillais, l'homme consacré, l'homme qui avait peut-être un téléphone direct avec la mère du Christ, s'était levé de nuit, et, les gestes félins, la barbe haletante, s'était vivifié longuement à la nudité sans défense de Roséna. Il y avait tout à parier que ce jeudi serait un jour décisif. Le père et Roséna se laisseraient tomber dans l'herbe courte de la montagne. L'un sur l'autre, emmêlés dans la panique de leurs sens, ils seraient un riz joyeux que les bras musclés de Satan agiteront et brasseront ensemble sauvagement, dans le van de l'été haïtien...

3

Quelques heures plus tard, je descendais en compagnie de Roséna le chemin qui, en pente raide, à travers un taillis de fougères, menait à la rivière. Roséna marchait la première. Le rythme de la descente se répercutait sur ses hanches, qui

labouraient violemment mon sang. Je portais les
seaux que nous avions à remplir. Elle allait
habituellement seule à la corvée d'eau. Elle en
revenait, chaque fin d'après-midi, ayant changé
de robe, sans tablier, éclatante de fraîcheur.
C'était le moment où le père lisait son bréviaire
sur la véranda et où je m'attardais dans la
chapelle, à genoux, tendrement tourné vers la
lampe de l'autel. J'avais entendu des pas dans
mon dos : c'était Roséna qui avançait, faisant
sonner ses sandales sur le ciment et roulant
outrageusement son paganisme à la face du très
saint sacrement.

— Excuse-moi de te déranger, dit-elle. Viens
m'aider à porter les seaux.

— Il ne plaira pas au père Mulligan que j'aille
avec toi à la rivière. Je me ferai réprimander.

— Toi et ton dieu roux, vous me sciez les
seins, dit-elle.

— Roséna, tu oublies où tu es ?

— C'est vrai. Pardon, dit-elle en se signant.
Aurais-tu si peur d'être dévoré ?

— Ce n'est pas ça. Le père m'a défendu de me
trouver seul avec toi !

— Depuis quand ?

— Depuis le jour où tu m'as montré...

— Ça alors ! Tu iras en enfer parce que tu
auras vu mes...

— Roséna, pas ici, je t'en prie.

— Pardon.

Elle fit un autre signe de croix, avec génu-
flexion cette fois.

— Dis, sois gentil, viens donner un coup de
main à Roséna.

— Bon, j'y vais. Attends-moi dans le chemin creux. Je te rejoins dans un instant.

— Merci, saint Alain de Tête-Bœuf! (Elle riait tout haut dans la chapelle.)

A mesure qu'on approchait de la rivière, la pente dégringolait, et l'ombre des fougères s'épaississait autour de nous. Le sentier tourna brusquement court à la lisière de la berge escarpée et parsemée de galets plats, polis et multicolores. Le torrent faisait une boucle et formait en aval un large bassin. A certains endroits, on y perdait pied. A peine arrivé, accroupi au-dessus de l'eau, je me mis à remplir les deux seaux. Roséna, debout à mes côtés, me regardait faire, le regard s'échauffant jusqu'à n'être plus que deux escarboucles d'ironique sensualité. Une fois les récipients pleins, je les saisis par les anses et je m'apprêtai à gravir le chemin.

— Tu n'as pas envie de te baigner? dit-elle.

— Non, j'ai déjà pris un bain à quatre heures, ici même.

— L'eau ne te tente pas de nouveau?

— Non, Roséna.

— Tu ne m'attends pas? Tiens, retourne-toi. Je n'en aurai pas pour longtemps.

Je déposai les seaux et je tournai le dos à Roséna. Je l'entendis derrière moi se débarrasser de ses vêtements. Un instant après, elle s'ébattait bruyamment dans la rivière.

— L'eau est adorable, cria-t-elle.

Je ne répondis pas. Je me sentais ridicule. Je n'avais pas envie de prier. Mon *Ave Maria* chéri me pesait à présent sur l'estomac, et me donnait

une légère nausée. Mon sang me cuisait les yeux,
les joues, les mains et surtout les testicules. Je me
retournai brusquement : Roséna était debout
dans la partie la moins profonde de la rivière,
avec de l'eau à mi-jambes. Elle me souriait.

— Alors, petit Jésus de Prague, tu ne te
décides pas ?

Je me taisais sans la quitter du regard. Je
n'avais encore rien regardé avec un tel ravissement. Elle ne se déroba pas à mes yeux qui
l'épongeaient littéralement. Je me sentis affreuse-
ment gauche avec mes mains qui tremblaient et
mon pantalon gonflé. Pour chercher contenance,
je me baissai, ramassai un galet et je fis semblant
de le lui lancer. Elle plongea et reparut quelques mètres plus loin, riant et secouant la tête de
défi.

— Pourquoi ne le lances-tu pas ? Tu ne me
fais pas peur, tu sais ?

Je tenais le galet et mon regard se brouillait de
confusion et de convoitise. Roséna fit quelques
pas dans ma direction et se mit à lancer de l'eau
sur moi.

— Je te baptise au nom de ma bouche, de mes
seins et de mon saint-esprit, cria-t-elle en riant
aux éclats et en m'aspergeant de plus belle.

Je reculai jusqu'au talus. Elle fit encore quelques pas. Les seins pointaient au-dessus du
courant. Elle s'avança encore plus vers la rive,
sans interrompre son arrosage. Brusquement, au
centre de sa vie, une aigle apparut, les ailes
déployées en bataille, et elle fonçait sur moi,
poussant les cris furieux de son espèce. Je me
portai tout habillé au-devant de ses flammes

noires qui se ramassaient en un merveilleux triangle. Je renversai Roséna dans la rivière. On tomba sur un lit de sable. On roula dans l'eau basse, les corps emmêlés, et nos mains, nos lèvres, se cherchaient désespérément comme des gens qui se noient. Elle se redressa, échappa d'un coup de reins à mon étreinte, et se mit à courir en amont. Je la poursuivis, trébuchant dans mes souliers ramollis. Je la rejoignis sous un dais de fougères où elle était étendue, les bras pliés sous la tête. J'envoyai au diable mes vêtements. J'étais à cheval sur elle, et je sentais ses hanches essoufflées entre mes cuisse. J'arc-boutai mon corps au sien. Roséna se retourna et, ravie, m'offrit sa langue, ses dents, ses yeux, ses oreilles, ses fossettes, son ventre et ses seins souverains. Ses longues jambes armèrent une croix de soleil sur mon dos tandis que sa ceinture se dénouait implacablement sous mes caresses. Son sexe devint soudain le feuillage de mes émotions. C'était une belle vulve, musclée, dodue, potelée, généreuse de sa saveur et de son feu. J'étais greffé en Roséna et son sang naviguait avec le mien, loin des côtes, charriant la vie et la mort merveilleusement réconciliées par un rythme qui se vrillaient avec nos souffles. On suivit une descendante verticale tandis que nos extrémités surchauffées se mesuraient, se pétrissaient, se fructifiaient rondement, intelligemment, glorieusement, avant de nous lancer ensemble, en piqué, dans une joie sans fin.

4

Le père Mulligan, ce soir-là, vit arriver sur le plateau un couple transfiguré. Ce qu'on venait de faire devait briller intensément dans nos visages, car l'homme esquissa le geste de porter la main en visière à son regard pour supporter notre présence en face de lui. Il comprit au premier coup d'œil que ce n'était pas la même Roséna ni le même Alain qui étaient revenus de la rivière.

— Que vous est-il donc arrivé? demanda-t-il.

— Rien, mon père, dis-je, tandis que Roséna s'éclipsait dans la cuisine.

— Comment, rien? Vous voici tout trempés.

— J'ai glissé dans l'eau en aidant Roséna à remplir les seaux.

— Et cet éclat que je vois à tous les deux, vous l'avez trouvé aussi dans le torrent?

— Où suis-je tombé? dis-je, la mort dans l'âme.

— Est-ce à moi qu'il faut le demander? Vous mentez effrontément à votre vocation. Roséna, cria-t-il, venez ici. Que s'est-il passé à la rivière?

— Rien de grave, mon père. Alain a glissé alors qu'il m'aidait.

— C'est pourquoi vous avez ces têtes-là?

— Quelles têtes avons-nous? dit-elle, sur un ton ingénu.

— C'est le comble : voulez-vous que je vous fasse un dessin? Vous me prenez décidément pour un joyeux crétin. Vous êtes tous les deux dégoulinants de péchés et de mensonges. Vous venez tout droit de la fornication! Vous faites une paire de misérables fornicateurs!

— C'est la vérité, mon père, dis-je. Pardonnez-nous.

Il se tourna vers Roséna, cherchant également sa contrition. Mais elle se taisait, l'œil en colère, la poitrine plus insolente que jamais.

— Roséna, vous persistez à mentir?

— Nous n'avons rien fait de mal. Nous nous sommes aimés, mon père. C'était bon, bon, bon, fit-elle, fermant les yeux.

— Taisez-vous. Après avoir avili ce garçon, c'est tout ce que vous trouvez à dire.

— Il n'y a rien d'avilissant dans l'amour qu'on a fait.

— Vous appelez amour la basse fornication dans la fange d'une berge! Vous n'avez pas honte de profaner un mot si proche de Notre-Seigneur? Vous avez roulé comme des pourceaux au bord d'une rivière. Vous avez fait des cochonneries!

— Assez, assez! cria Roséna hors d'elle-même. J'en ai par-dessus les seins de vos radotages hypocrites! C'est tout bonnement la jalousie qui vous monte au foie! Vous crevez de jalousie. Oh, ne protestez pas, mon père. Croyez-vous que je n'ai pas vu vos manèges de coq en rut? Rosée par-ci, Rosée par-là. Sans parler de vos yeux qui n'ont pas arrêté de me peloter le bon ange! Vous auriez aimé être à la place d'Alain. Il vous a coupé l'herbe sous les éperons, voilà tout!

Le père ne pouvait plus articuler une seule phrase. Les mots semblaient pousser en tous sens dans sa bouche comme de nouvelles dents. Il regardait tantôt Roséna, tantôt moi, d'un air hébété, les bras déconfits, la barbe comme un chat échaudé, tandis que dans son regard naissait un petit garçon qui retenait ses larmes.

— Laissez-moi seul, voulez-vous, finit-il par implorer.

Roséna gagna la cuisine. Je sortis dans le soir en direction de la chapelle.

5

Le lendemain, après la messe que je servis sans communier, le père, d'un air apparemment détendu, m'enjoignit d'accompagner à sa place Roséna au marché. On partit tous les deux, bon pied, bon œil, dans le petit jour. On garda le silence jusqu'au marché, feignant l'un et l'autre d'être seulement attentifs aux gens qu'on croisait et aux menus frissons des mornes qui renaissaient avec le matin. Elle fit calmement les achats prévus. Avant neuf heures, on était prêts pour le retour. Je marchais le premier et j'écartais les ronces sur les pas de Roséna. Malgré nos charges et l'effort pénible de la montée, on avançait rapidement, le souffle en fleur dans la vive lumière du jour. On franchit ainsi la moitié du parcours, absorbés seulement par l'action de poser le pied au bon endroit. Ce fut elle qui rompit le silence.

— Dis, Alain, si on s'arrêtait un instant ?

— Comme tu veux, Roséna chérie.

J'étais surpris par ce que j'avais dit. Je déposai les provisions et je me retournai. Des gouttes de sueur coulaient sur les joues de Roséna. Je sortis mon mouchoir et je lui essuyai tendrement le visage. Elle s'accrocha un instant à mon épaule, puis se ravisa et s'assit sur le talus, à l'ombre.

— On a fait une belle trotte, dit-elle.

— On a eu des ailes.

— A cause de ce qu'on a fait, pas vrai?

— ...

— Tu ne réponds pas?

— Oui, mon amour.

Elle leva sur moi des yeux gravement étonnés. Ses lèvres et son nez frémissaient. Son souffle se précipitait sous la robe. La gravité de ses traits se changea peu à peu en une tendresse humblement reconnaissante.

— Je t'aime, Alain, dit-elle.

Une délicieuse odeur de cannelle-roséna envahit aussitôt mes bras. On rangea nos ballots derrière un buisson, et on s'étendit dans l'herbe. Je glissai la main sous sa robe et, fermant les yeux, je lui titillai tendrement la chair, du bout de mes doigts écartés en forme de doux crabe. Je remontai de la plante des pieds jusqu'aux seins, qui aussitôt se réveillèrent de leur belle nuit aux lignes fortement dessinées. J'allai droit à son sexe. Sa géométrie mit dans ma main la joie et la connaissance de la forme achevée : c'était la meule à polir le sang, prodige du début de la vie, d'avant le feu et la pluie, d'avant le sable et le vent, et surtout d'avant les mythologies qui ont dénaturé le sexe de la femme à l'effigie des grandes terreurs de l'espèce. Sous le soleil de la montagne, Roséna s'ouvrit de nouveau. Mon sexe-diamantaire tailla dans l'éblouissement ses harmonies, ses courbes et son nombre d'or.

6

Le même jour, dans la soirée, je me trouvai seul avec le père Mulligan sur la galerie. On lisait en silence : lui, des essais de Maritain sur *L'esprit dans sa condition charnelle* ; moi, l'histoire d'un petit prince qui s'était échappé d'un astéroïde à la faveur d'une migration d'oiseaux sauvages. Roséna déjà était couchée. Depuis notre retour du marché, je guettais le moment de mettre les choses au point avec mon confesseur. Je sentais que lui aussi cherchait à me parler. Dans ses regards, il n'y avait aucune animosité, sinon une bonté virile, avisée, voire affectueusement compréhensible à notre endroit.

— Le « scandale » a gagné le premier round, dit-il.

— Et malheur à moi, n'est-ce pas, mon père ?

— Malheur à nous ! N'étions-nous pas deux sur le ring ?

— Ce qui m'étonne, c'est que je n'ai pas le sentiment d'avoir péché. Je me sens aussi pur qu'avant. C'est comme si je n'avais connu de la joie que la crête émergée. Roséna m'a fait vivre les quatre cinquièmes d'un prodigieux état de grâce

— Ce n'est pas juste, mon fils, de comparer la grâce à un iceberg. Si c'en était un, j'aurais vu revenir deux statues de glace de la rivière. Avoue que ce n'était pas le cas, dit-il en riant.

— Peut-être l' « iceberg » divin, immergé qu'il est dans notre sang, a la chaleur même de Dieu !

— Tu es tout à fait sous la fascination du mal ! C'est un blasphème que d'associer la grâce à une pauvre aventure de la chair !

— Pourtant mon père, dis-je, hier soir, j'ai longuement prié ; et plus je demandais pardon à Dieu, plus il m'a semblé qu'il me bénissait d'avoir trempé mon âme comme du pain grillé dans du miel de montagne ! Pourquoi le mal serait-il plus fascinant que le bien ? Pourquoi ai-je vécu Roséna comme une bienfaisante explosion ?

— Tu touches là à l'un des plus grands mystères de la création. La lumière vient aussi de Satan ! Ce serait trop simple, dans les desseins du Créateur, si le démon se manifestait toujours sous ses traits familiers de connétable des ténèbres...

— A vos yeux, donc, Roséna est le mal incarné ?

— Dieu, pour tremper l'acier de ses élus — je te l'ai dit —, les soumet parfois aux mirages de la chair. Tant mieux si cette épreuve n'a pas épuisé tes silos de pureté. Mais ce serait un grave péché de confondre le rayonnement de Satan avec l'incandescence limpide de la grâce !

— Il n'y a pas en moi le moindre remords. Le peu qu'il y avait hier soir a été emporté ce matin.

Dieu a mis dans mes mains des formes d'avant les mythes qui ont enténébré la douce chair de la femme. Mes mains, mon père, en sont éblouies pour le restant de leurs jours !

— Oh, mon fils, dit-il, tu as besoin d'aide !

— Aidez-moi, mon père, dis-je.

— Allons prier ensemble, fit-il.

Il se leva, prit la lampe-tempête et s'engagea dans le sentier qui menait à la chapelle. Je le suivis dans la nuit. Il déposa la lampe au pied de l'autel et s'agenouilla, le rosaire à la main. Je me mis à genoux à ses côtés. Sa voix s'éleva, grave et belle, avec les paroles du *Pater* et de l'*Ave Maria*. Et je répondais : « Sainte Marie, mère de Dieu, priez pour nous, pauvres pécheurs, maintenant et à l'heure de notre mort... Notre Père qui êtes aux cieux... Je vous salue Marie... »

Ma bouche prononçait les mots sacrés et des larmes montaient dans mes yeux. Une autre mémoire et une nouvelle piété amenaient dans mon esprit le nom et l'image de la Roséna de la rivière qui se substituait irrésistiblement à la présence de la mère de Dieu. « Je vous salue Roséna, pleine de grâces, maintenant et à l'heure de notre mort... » Des sanglots nouèrent soudain ma voix.

— N'aie pas honte de tes larmes, mon fils, dit le père Mulligan. Elles coulent aussi sur les joues de la merveilleuse femme qui nous écoute !

Il se leva et je lui emboîtai le pas. Mon cœur battait à se rompre. Mes jambes me portaient à peine. La nuit de la montagne, transparente et fraîche, n'était-ce pas Roséna ? Le ciel lactescent d'étoiles, n'était-ce pas Roséna ? Et mon oreiller et mon sommeil de cette nuit-là : Roséna !

7

A nous regarder vivre les semaines suivantes, on aurait cru que la paix du Seigneur régnait à l'ombre de la chapelle de Lamark. A l'aube, je continuais à aider le père Mulligan à la messe. Roséna continuait à s'agenouiller chaque matin derrière nous. Quand je changeais le missel de place sur l'autel, je jetais un regard vers elle, et son sourire dans la pénombre du petit matin me disait qu'on suivait la même religion. Lorsque j'agitais la clochette de la consécration, et que Roséna inclinait pieusement la tête, je savais que le pain et le vin que le prêtre changeait symboliquement en corps et en sang du Christ avaient pour nous deux une saveur semblable à nos belles œuvres de chair. Le père Mulligan disait la messe selon le cérémonial romain le plus orthodoxe et, sans le savoir, il célébrait le rite clandestin où, Roséna et moi, nous trouvions dans le délire l'identité de notre amour. Les dieux de notre enfance se tenaient malicieusement éveillés derrière le rituel chrétien.

Après la messe, le petit dejeuner servi, Roséna disparaissait pour plusieurs heures, absorbée par les tâches de la cuisine et du ménage. Le père Mulligan, sous la véranda ou au frais sous un arbre, me donnait des leçons de latin. Il m'initia aussi à la philosophie. Il me parla souvent d'un courant de la pensée catholique qui alors l'intéressait beaucoup : le néothomisme. Il connaissait Jacques Maritain, son principal représentant, qui enseignait aux universités nord-américaines de Columbia et de Princeton. Le père voulait inviter Maritain à prononcer des conférences en Haïti.

Il recevait une fois par semaine son courrier de la capitale. Il commentait pour moi les événements de la guerre qui battait son plein. Cet été-là, les nouvelles faisaient état de la résistance anglaise aux offensives allemandes en Libye et du raidissement admirable de l'Armée Rouge dans le Caucase et dans les plaines du Don. Les communiqués signalaient aussi les attaques des forces japonaises en Nouvelle-Guinée et les sanglantes péripéties de la campagne de Guadalcanal. Mais la passion du père Mulligan, c'était la France libre. Il ne cessait d'évoquer ce qui s'était passé, au début de l'été, dans un bled libyen : des troupes du général Charles de Gaulle, pendant treize jours, avaient héroïquement résisté aux Stukas et à l'artillerie lourde du général Rommel. « Avec Bir Hakeim, m'expliqua-t-il, la France reparaît dans la guerre et renoue avec le meilleur de son passé. » Il me répétait le texte d'un télégramme que le chef de la France combattante avait adressé aux héros de Bir Hakeim : « Général Kœnig, sachez et dites à vos troupes que la France vous regarde et que vous êtes son orgueil. » « On dirait un ordre du jour de Napoléon ! » s'exclamait le père. A l'époque, je ne connaissais pas les structures politiques du monde moderne. Les noms familiers de la guerre : Guadalcanal, Tobrouk, le Dniepr, Timochenko, El Alamein, la Crimée, Montgomery, mêlés aux auteurs latins Cicéron, Tive-Live, Pline le Jeune, voisinaient avec le nom de femme qui levait pour moi un tout autre blé de la vie...

Au déjeuner, on était réunis tous les trois. Le père et moi nous félicitions immanquablement Roséna pour ses dons culinaires, qui n'étaient pas les moindres de ses pouvoirs. Dans l'après-midi, nous l'aidions à faire la vaisselle, à écosser des légumes, à éplucher les pommes de terre, à nettoyer les lampes, à couper le bois ou à d'autres besognes ménagères. Parfois, nous rendions ensemble visite à des familles paysannes de la région. Le père Mulligan emportait sa trousse médicale, et il avait la gravité et l'aplomb d'un médecin quand il se penchait sur des cas de paludisme, de pian, de kwassiokor et d'autres maladies endémiques des campagnes haïtiennes. Roséna et moi, nous étions alors des infirmiers attentifs. Nous découvrions les avitaminoses qui accablaient enfants et adultes. Nous écoutions les explications que le père donnait sur le rachitisme, le scorbut, le béribéri, la pellagre. Quand on revenait à la maison, on marchait sans rien dire, et la beauté des arbres ou des oiseaux se poursuivaient en chantant, le joyeux été des mornes, saignaient en nous avec tous ces maux devant lesquels nous avions les bras coupés. La même tristesse désarmée assombrissait le père Mulligan. Alors Roséna et moi, nous avions quelque peu honte de nos fêtes clandestines.

En effet, quand le père, à l'heure du bréviaire, croyait que j'étais pieusement agenouillé dans la chapelle, je rejoignais souvent, au pas de course, Roséna, à l'ombre d'un buisson ou au bord de la rivière. On s'aimait dans des accords fulgurants. Dès qu'on avait joui, je repartais me mettre à genoux dans la chapelle.

Un matin, on goûta l'un à l'autre debout dans la cuisine. On eut tant de plaisir qu'on avait l'impression que nos genoux s'étaient dérobés sous nos corps et qu'on flottait parmi les casseroles, au-dessus des réchauds au charbon de bois incandescent. A maintes reprises, dans les fins de nuit, m'étant assuré que le père dormait, je me glissais vers Roséna. Le silence dans lequel on polissait doucement notre sang était si plein, si bon et si pommé qu'il semblait le prolongement ineffable du vagin que je vivais.

Une fois, nous étions restés trois jours sans nous prendre, il nous arriva de faire l'amour sur un banc de la chapelle, mêlant fébrilement notre orgasme au souffle même de Dieu. Quant au père, il traitait désormais Roséna avec une déférence toute paternelle. « Il sait maintenant de quel bois-pin je brûle. Il se tient sur ses gardes prudemment, mais au fond de lui le coq irlandais ne dort pas... », disait Roséna.

Un après-midi, vers les quatre heures, arriva un paysan aussi essoufflé que le cheval qu'il montait. Il venait chercher le père Mulligan pour un malade qui agonisait à plusieurs lieues de Lamark. Il disait que le mourant avait vécu en bon chrétien vivant, et ayant appris la présence du prêtre dans la contrée, qu'il ne voulait pas

disparaître sans les derniers sacrements.
L'homme ajouta qu'en poussant la mule le père
pouvait être de retour avant le lever du soleil. Au
moment de partir, le père Mulligan me prit à
part et me signala le danger que je courais à
rester seul dans la maison avec Roséna Rozel,
après une journée qui avait été bellement aoûtée.
Il me conseilla de passer la nuit à prier dans la
chapelle.

— Veille, mon fils ; ce soir, la terre humiliée
par la guerre est une longue agonie !

Je lui promis de garder mes lampes allumées.

Notre nuit de noces commença dans la rivière.
Puis on regagna la maison, sans remettre nos
vêtements, dans le soir fantastiquement étoilé
d'août. On dîna d'oranges, de melons, de
bananes et d'autres fruits rapportés la veille du
marché. A la lumière des lampes-tempêtes, on
rapprocha les trois lits pour élargir l'espace de
notre débordement nuptial. Des heures après,
saturés de délices, drogués l'un par l'autre, on
sombra dans un de ces sommeils que seuls
connaissent les enfants, les fous et les amants.

Nous n'entendîmes pas le père rentrer. Quand
j'ouvris les yeux, je ne savais pas depuis combien
de temps il était là, à nous regarder dormir,
enlacés complètement nus. Les lampes brûlaient
encore. Les yeux du père lui sortaient de la tête,
sa barbe hérissée jetait des flammes rousses. Les
veines de son cou se tendaient et sa pomme
d'Adam avait curieusement l'air d'être en érection. Je saisis un drap, je couvris Roséna qui
dormait encore et je me levai pour passer mon
pyjama. Le père Mulligan se précipita alors sur

moi. D'une forte bourrade il me poussa contre le mur. Il me porta un direct au visage. Ensuite, il me frappa en plein nez. J'étouffai un cri de douleur.

— Arrêtez, dis-je, sinon je vais cogner aussi.

Il m'assena son poing sur la bouche. Je saignais du nez et les lèvres. Je reçus plusieurs crochets et je titubais. J'encaissais bêtement les coups, oubliant que j'étais un athlète. Notre bagarre finit par réveiller Roséna. Témoin de mon désarroi, elle se précipita dans la cuisine. Elle reparut sur-le-champ avec un coutelas à la main. Le père Mulligan se tourna vers elle. Roséna, sans lâcher son arme, recula et se débarrassa du drap qui gênait ses mouvements. Elle était violemment nue, le couteau au poing. Son regard fixait le père à un endroit précis du corps. L'homme vit dans les yeux de Roséna qu'elle était résolue à *les* lui couper une bonne fois.

— Baissez le pantalon, ordonna Roséna Rozel.

L'homme, comme un automate, halluciné, avec une effarante humilité, déboucla la ceinture. Le pantalon s'effondra sur ses pieds et dénuda de fortes jambes couvertes de poils roux.

— Le caleçon également, dit Roséna, de la même voix de commandement.

Il obéit, libérant un membre tumescent, martial, pugnace, qui coqueriquait bravement dans le danger. Roséna fit un pas en avant et, de toutes ses forces, elle frappa. Je me jetai sur elle et l'emportai prestement dans l'autre pièce où je la désarmai. Ensuite je volai au secours du mission-

naire. Il était plié en deux, tirant du coton de la
trousse médicale, tandis que de l'autre main il
essayait de contenir le sang qui s'échappait
abondamment de la vilaine blessure.

— Je n'ai pas besoin de votre aide, gémit-il.
Partez avec elle. Partez d'ici, couple maudit !

On s'habilla à la hâte. On ramassa nos effets
On fit un seul baluchon. Les larmes aux yeux,
on se mit en route dans le jour qui s'était levé sur
une lumière fraîche et vive.

A la mi-septembre, par une infirmière que je
connaissais dans le principal hôpital de la ville, je
tâchai discrètement d'obtenir des nouvelles du
père James Mulligan. J'appris qu'il avait été
victime d'un grave accident à Lamark où,
comme chaque année, l'été l'avait ramené. Un
cheval méchant lui avait donné un violent coup
de sabot dans les parties. Il était maintenant en
convalescence. Il acceptait son nouvel état avec
philosophie

De l'eau fraîche
pour Georgina

Qui, à Jacmel, ne connaissait la vieille Irézile Saint-Julien ? On pouvait indifféremment se référer à Sor Zizile, Tantine Rézile, Madan Julien, si on était bien élevé ; Grande Sainsaint ou Saint-Julien tout court, si on n'avait pas d'éducation. Tout le monde dans la petite ville savait de qui il était question. Irézile Saint-Julien tenait sa popularité d'une foule de raisons les unes plus contradictoires que les autres.

Pour certains Jacmelliens, elle était la négresse qui, au temps où Haïti était un ballon sous les pieds fous des généraux, avait eu, un soir, déguisée en commandant de la place de Jacmel, l'audace de se faire ouvrir les grilles d'une forteresse et, à coups de pistolet sur la garnison, de libérer son fiancé condamné à mort. C'était un fait d'armes sans précédent dans l'histoire militaire du pays.

Pour d'autres, tantine Rézile était la pécheresse repentie qui, jusqu'à une date récente, soutenait devant ses intimes que, si les rues de Jacmel étaient pavées de membres masculins, elle aurait appris à ramper comme les couleuvres. On disait aussi que, depuis soixante ans au moins qu'elle se présentait, presque chaque avant-jour, à la Sainte Table, elle n'avait jamais avalé une hostie. Elle possédait sous son lit un trésor de sacrilèges : un bahut rempli de Jésus-Christ.

Les plus mauvaises langues disaient que Sor Zizile était un *mauvé moun*[1], une sorcière au service des divinités les plus redoutables du vaudou. On ne pouvait compter les chrétiens-vivants dont ses mains avaient cloué le cercueil. Rien que dans la rue du Général-César-Ramonet où elle passa plus de la moitié de son existence, on lui attribuait la mort surnaturelle d'une dizaine d'enfants, d'une jeune fille de dix-huit ans et d'un capitaine de la Garde d'Haïti.

Même quand un petit nombre de gens raisonnables se résignait à voir en Irézile une négresse de grand âge, sans rimes ni légendes, ils ne cessaient pour autant d'estimer que chez elle les conflits, les tourments, les déchirements du sous-développement haïtien, étaient vécus avec une intensité singulière. Pourtant rien sans son comportement quotidien ne la distinguait d'une autre négresse de sa génération et de sa condition sociale. Elle était l'une des meilleures dévotes du père Naélo, curé de l'église Saint-Philippe et Saint-Jacques, de qui elle recevait la modique mensualité qui gardait ses longs vieux jours à l'abri des intempéries de la rue.

Irézile occupait une pièce dans une petite maison qui en comportait deux. Elle sortait peu,

1. Personne redoutable.

et à part les bavardages que le savoir-vivre lui faisait échanger avec Georgina Pierrilis, sa sous-locataire, et deux ou trois proches voisines, elle restait plutôt à l'écart du bouillonnement de la rue du Général-César-Ramonet. Qu'était-ce donc finalement, Irézile Saint-Julien ? Une sorcière, une vieille hystérique, une pauvre fille de Marie, une héroïne romantique ? Pouvait-elle réunir dans son seul corps les grandeurs et les misères de ces quatre styles de vie ?

La soirée d'août était une source de haute montagne autour des maisons de Jacmel. A ses bords, les pensées des gens poussaient comme du cresson ou de la menthe. Durant tout le jour, sous la rigueur du soleil, les travaux avaient paru à chacun comme une antichambre de l'enfer. Mais avec l'arrivée des premières ombres, le temps avait changé. La fraîcheur avait ouvert ses bras de négresse à la vie. Sous ce rapport, estimait le juge Damoclès Nérestan, il n'y a pas deux Haïti sur la terre. Il se balançait dans son idée comme dans un hamac. La soirée d'août était cousue de la main de Dieu. D'un coup de pinceau, elle avait effacé tous ses ennuis : des histoires de vols de cabris qu'il fallait trancher ; les coups de téléphone reçus dans la journée du préfet et du lieutenant de gendarmerie lui demandant de ménager tel coupable ou de condamner tel innocent. Il barbotait chaque jour dans les mêmes litanies de la vie provinciale. Tout le patati et le patata fastidieux d'un tribunal de paix. Et voici le soir d'août qui arrive : il vous passe l'éponge sur tout ça comme un professeur sur le tableau qu'un crétin a bar-

bouillé de faussetés. Dire que malgré tout il lui
est redevable de la sécurité que connaît maintenant son foyer. La véranda où la brise apporte de
si bon cœur les nouvelles de la mer. La paix des
enfants depuis longtemps couchés. La paix
d'Amélie naviguant tous feux éteints dans les
eaux du premier sommeil. Il ne manque que
Georgina Pierrilis pour que son bien-être soit
tout à fait un chef-d'œuvre lyrique. Georgina est
le nom de baptême de ce soir d'août! Chaque
étoile crie la présence de Georgina sur la terre!
   Cela faisait six mois qu'il la poursuivait vaine-
ment de ses avances. Il lui arrivait souvent
d'interrompre une session du tribunal avec l'espoir de rencontrer Georgina dans l'allée des
Amoureux de la place d'Armes. En vain. Il avait
tout essayé. Les promesses glissent sur cette
négresse comme la pluie sur les tôles ondulées
des toits. Il a été jusqu'à consulter Okil Okilon,
le premier *houngan*[1] de Jacmel. La poudre d'oi-
seau-mouche que le sorcier lui a conseillé de jeter
dans les cheveux de Georgina n'a pas eu plus de
succès. De l'argent jeté par la fenêtre. Pourtant
Georgina a besoin d'aide. Comment pouvait-elle
supporter d'habiter sous le même toit qu'Irézile
Saint-Julien? Cette vieille tombe de Sor Zizile!
Damoclès Nérestan tournait et retournait les
images de son infortune comme des vers dans le
fruit délicieux de la nuit. Un éclair soudain fit
jour dans sa tête. Que n'y avait-il pensé plus tôt?
Enfin il tient la solution du problème. Il va
pouvoir apprivoiser cette pintade marronne de

1. Prêtre du vaudou.

Georgina Pierrilis! Damoclès Nérestan se mit à
considérer le ciel étoilé comme une cage géante
où des millions de Georgina en fleur brillaient en
accord avec ses rêves!

Ce matin-là, si quelque cultivateur avait eu
besoin d'un épouvantail pour éloigner les corbeaux de son champ, la tête d'Irézile Saint-Julien
eût fait admirablement son affaire. Elle n'avait
pas fermé l'œil de la nuit. Elle avait beau avaler
des tasses de *thé-saisi*[1], elle n'avait pas pu se
remettre de la visite de maître Damoclès Nérestan, juge au tribunal de paix. C'était pourtant un
père de famille qui, chaque premier dimanche du
mois, s'approchait de la Sainte Table. Maître
Damoclès était venu lui proposer d'être sa
complice dans le dévergondage. Il lui demandait
de verser le poison de la débauche dans l'âme
d'une jeune fille. Il lui promettait de lui verser le
double de la pension du père Naélo. Il est allé, le
roi des satans, jusqu'à dire que Jésus-Christ,
dans sa miséricorde sans fin, a depuis longtemps
pris l'habitude de fermer l'œil sur les petits et
voire sur les grands écarts des nègres et des
négresses d'Haïti! Dire ça à une fille de Marie!
Maître Damoclès Nérestan, maître Nérestan
Damoclès, maître Damo Restan, maître Momo-
papa, depuis vingt-quatre heures obsédait jusqu'au délire sa pauvre tête. Il s'était entortillé à
son âme comme cent couleuvres vertes. Et plus
fort que tout, c'est qu'elle avait accepté le
marché! Elle avait dit oui.

1. Infusion recommandée dans les cas de saisissement ou de choc
émotionnel.

Elle, Irézile, Saint-Julien, « pitite-bon-Dieu », avait laissé mettre la corde à nœuds du diable autour de son cou. Vingt-cinq gourdes par mois, tant que les affaires iront bien avec Georgina. Il est vrai que la pension du père Naélo, depuis qu'elle la touchait, n'avait jamais empêché ses fins de mois de lui montrer les dents. Des chiens enragés, oui, voilà ce que sont ses fins de mois. A plus de quatre-vingts ans passés, elle devait de temps à autre tendre la main discrètement à la porte de l'église, dans une ville où le dernier sans-maman venu se permet de jeter sa pelote de crachats dans le lait pur de votre réputation. Près d'un siècle d'humiliations avait tendu des toiles d'araignées dans son cœur. Les vingt-cinq gourdes de maître Damoclès lui permettront de donner un coup de balai. Les fins de mois feront désormais le dos rond contre ses vieilles jambes. Mia-ô, mia-ô, un-bon-petit-chat-de-fin-de-mois, au lieu du vieux tigre qu'elle ne connaissait que trop bien ! Le jeu du maître Nérestan, après tout, n'était pas si diabolique que ça ! Le bon Dieu comprendra. Saint Philippe et saint Jacques comprendront. Ils ont été eux aussi des hommes, avec ce qu'il faut sous la braguette pour les Georgina. Tantine Rézile avait honte, malgré tout, comme si, après s'être lavé les mains, elle les essuyait avec une serviette sale. Le marché conclu avec le juge dégoulinait le long de ses vieux os. Il tachait son caraco blanc. O, vierge Altagrâce ! Pourquoi cette dernière épreuve au soir de la vie de Sor Zizile ! Comme tu as surestimé la force de sa religion ! Elle barbotait ainsi, tantôt dans la clarté de l'eau bénite, tantôt dans la mare aux diables de maître Damoclès, tantôt encore dans l'eau fraîche dont Georgina, toute nue dans le petit jardin, s'aspergeait chaque soir... -

De nouveau la marée du soir jacmélien a envahi le sable brûlant accumulé pendant le jour dans la vie des gens. Vivre redevient doux comme de fouler aux pieds, avant le lever du soleil, le sable antillais ! Vivre est doux comme le duvet de nouveau-né d'ortolan qu'a Georgina à l'endroit le plus vif de son corps ! Vivre et Georgina, vivre le jardin merveilleux de Georgina : vivre d'abord sa bouche, vivre ses seins l'un après l'autre et les deux ensemble, vivre chaque oreille et chaque cuisse à part et puis vivre soudain toute la vie en flammes de Georgina Pierrilis ! Ainsi montait l'eau-désir dans un puits nommé Damoclès !

Georgina Pierrilis, elle, avait chaud. Août était un chandail de grosse laine qui collait à ses seins. Août était une ceinture de crin à sa taille ! La seule façon de supporter la nuit, si mal aoûtée, était, comme chaque soir, de rester nue dans le petit jardin sur lequel donne sa chambre, et de faire de belles ablutions d'eau fraîche, pour calmer en elle la lionne toujours aux aguets. Là où elle se dénude, il n'y a pas la moindre possibilité pour un œil de mâle-nègre de la surprendre. Sa nudité ne peut exciter que les étoiles ou peut-être quelque enfant précoce d'oiseau de nuit.

L'eau ruisselait sur son corps. L'eau à qui elle pouvait sans crainte dévoiler ses plus lointains secrets. L'eau, n'est-ce pas, n'est ni homme ni

femme! L'eau n'a pas des yeux de voyeur. L'eau
ne bande pas, elle n'a pas de cuisse à écarter,
l'eau. Pourtant l'eau des rivières, qui a appris la
ruse chez les paysans des mornes, compère l'eau
s'en donnait à cœur joie dans la chair de
Georgina. Plus tard, quand l'eau rejoindra la
mer, elle lui récitera le poème de ses amours avec
Georgina Pierrilis, et la nostalgie de cette nuit-là
rendra triste la mer, cette négresse bleue qui n'a
pas toujours un amant dans ses vagues. N'est-ce
pas, monsieur Vent? Georgina n'est pas la mer,
tout en ayant pas mal de choses en commun avec
elle, à l'heure des émeutes de ses globules rouges,
quand sa ceinture se met brusquement en mouvement.

En faisant sécher son corps au regard innocent
de la lune, Georgina pense à l'homme qui
prendra dans ses mains les merveilles qu'elle est
en train de rafraîchir dans le jardin. Cet homme
ne s'appelle sûrement pas Damoclès Nérestan.
Deux fois au cours de la journée, tantine Rézile a
essayé d'aiguiller la causerie sur le juge. La
vieille garce a eu l'air d'insinuer qu'après tout
une fille du peuple n'a pas comme une donzelle
de l'élite à regarder de trop près celui qui doit
saisir les rênes de son plaisir. Elle n'a qu'à fermer
les yeux pour éviter de voir si l'épée qu'elle reçoit
est de soleil ou coulée dans du vieux plomb. Elle
n'a pas à chercher à savoir si ce nègre-là est
marié, père de six enfants, ou si chaque soir les
rhumatismes font loi dans ses jambes. Ce qui
compte, c'est le soutien matériel que représente
dans la vie une position de juge au tribunal de
paix. C'était une femme tout le temps fourrée

dans les jupes de la religion qui lui tenait une telle causerie. Pourquoi irait-elle à son âge qui éclate de santé partout dans son corps, pourquoi irait-elle frotter les « douleurs » d'un maître Damoclès, tout juge qu'il est au tribunal de paix ? Et après ? Son corps n'était pas un accusé à livrer aux caprices de papa Damoclès. Tu peux courir, tu ne toucheras pas ma peau couleur de miel. Georgina s'envoie un nouveau seau d'eau sur les seins pour les laver des mains imaginaires de maître Damoclès Nérestan.

Le juge attend la demie de huit heures comme un cœur un peu fatigué attend un sang frais. Tantine Rézile lui a confié la veille : « A partir de huit heures et demie, Georgina, comme chaque soir, prendra le frais au fond du jardin, plus nue qu'une bouteille vide, nue comme quand sa mère la mit au monde. » Damoclès Nérestan se ronge les freins sur la ligne rouge du désir où il attend de mettre le cap sur Georgina. Enfin vient le signal du départ : Nérestan s'élance dans la rue, un sillage de lavande derrière lui. Il ne voit rien, il n'entend rien, il ne pense à rien, il a Georgina dans la peau, donc il *est*. Il franchit dans cet état le seuil de tantine Rézile. La vieille femme l'attendait.

— Elle y est, lui souffla-t-elle avec une gaieté soudaine dans son accent.

Elle détourna la tête tandis que Damoclès, arc allumé, se déshabille. Le juge croit prudent quand même de garder le caleçon. Il hésite un instant devant la porte ouverte sur le jardin.

— Allez-y, allez-y donc, l'encourage tantine Rézile.

Damoclès se glisse dans l'obscurité comme une couleuvre. Un bruit d'eau lui souhaite la bienvenue. Il s'arrêta un moment pour s'orienter. Ses yeux tombent sur la silhouette de Georgina vue de dos. Ô soleil de tous les minuits! Est-ce songe d'une nuit d'été? Au diable les réminiscences livresques. La vie réelle était braquée sur lui afin qu'il fût l'homme le plus vivant des Amériques! La vie aux coulées de miel en fusion! Il sera sous peu l'épi du feu qui chante sous ses yeux! Le nom de Georgina est un piment-bouc sur ses lèvres. Mais Georgina n'a pas entendu qu'on l'appelait.

— Georgina, Georgina chérie, chatte marronne, murmure Damoclès la bouche en flammes.

Georgina Pierrilis tourna la tête et découvre le sombre brasier d'un homme à demi nu dans le jardin. Les cris de la jeune femme commencent à scier la nuit!

— Au secours! A l'assassin! Au voleur! Au secours!

La rue du Général-César-Ramonet s'allume aussitôt: de tout le voisinage, des hommes, qui, une matraque barbelée à la main, qui, un poignard, qui, un fusil de chasse ou un colt 38, se ruent sur le 14 où continuent à flamber les appels de Georgina. On cogne à la porte de tantine Rézile. Glacée d'épouvante, elle hésite à pousser le loquet. Damoclès, battant en retraite, a échoué dans le lit de la vieille. Il se blottit sous les draps, oubliant de se couvrir la tête. Georgina continuait à crier. La porte d'Irézile Saint-Julien finit

par céder sous les ruades de vingt voisins de la
rue du Général-César-Ramonet.

Les hommes en armes s'engouffrent dans la
maison. Malgré la vitesse à laquelle ils traversent
la pièce, ils ont tout de même le temps de voir le
juge Damoclès Nérestan couché dans le lit de Sor
Zizile. En peu de temps, ils parviennent à
tranquilliser Georgina. Celle-ci n'arrivait pas à
décrire exactement l'homme qu'elle venait de
voir dans son jardin. Les uns concluent que
Georgina a été la proie d'une hallucination ;
d'autres estiment plutôt que leur belle voisine est
un champ de canne à sucre qui n'a pas été arrosé
dans les derniers temps et qui hurlait à la
bénédiction de l'eau fraîche et mâle !

Avant de prendre congé de Georgina, certains
lui recommandent une infusion de menthe, de
citronnelle ou de corossol ; d'autres, profitant du
fait qu'elle avait juste un drap sur elle, lui
soufflèrent à l'oreille des remèdes des plus déci-
sifs. Côté jardin, tous les mots étaient à double et
même triple sens ; côté chambre, ce que tous les
yeux retenaient, c'était que l'honorable juge de
paix Damoclès Nérestan était l'amant attitré
d'Irézile Saint-Julien. Aucune erreur de vision
n'était possible : chacun avait vu la tête de
sénateur romain du juge sur l'oreiller de Sainsaint ! Tous comprenaient le désarroi du couple,
et s'empressaient, par délicatesse, de filer sur la
pointe des pieds. Le dérangement valait son
poids d'or. Georgina permettait à Jacmel de
découvrir l'un des plus insolites pots aux roses de
son histoire.

Le lendemain, bien avant midi, toute la petite

ville s'échauffait à la nouvelle qui montait de la rue du Général-César-Ramonet. Ce fut une véritable ruée vers l'or du scandale! On oublia vite Georgina et ses cris dans le désert, Georgina et son eau du soir et son jardin qui demandait désespérément à boire. On ne parlait que du juge quadragénaire Damoclès Nérestan et de sa liaison avec une femme qui selon les mauvaises langues avait eu son premier flirt avec l'un des marins de l'équipage de Christophe Colomb! Chacun ajoutait sel et piments à la nouvelle :

— Savais-tu que le juge Nérestan est l'amant de Sor Zizile depuis que la vieille à soixante-dix ans.

— On a appris que Damoclès trompait sa femme avec les os dont on fait les osselets à cause d'un engagement qu'il avait contracté envers l'un des *loas* les plus macabres du vaudou : Marinette-Bois-Sec !

— Ce qui est sûr, c'est que l'octogénaire possède un *wanga,* un philtre capable d'amener dans ses draps Rudolph Valentino en personne.

L'imagination de Jacmel n'en finissait pas de s'exciter. Le juge Damoclès Nérestan perdit le même jour sa situation et sa réputation de juriste compétent qu'il avait mis des années à forger. Tantine Rézile perdit la pension du père Naélo et les derniers sacrements de l'Eglise. Georgina et l'eau fraîche restèrent de bons amis du soir.

Un nègre
à l'ombre blanche

Ces jours d'octobre l'agonie de Dieuveille Alcindor était le seul sujet de conversation entre les habitants du lieu-dit Cap-Rouge. Alcindor n'était plus qu'un fil d'araignée qui se balançait devant la machette du destin. Sa vie pouvait d'un instant à l'autre frôler la lame fatale. Le coin éclairé de sa tête ignorait s'il faisait jour ou nuit dans ses jambes, s'il faisait froid ou si le temps était au beau fixe dans ses couilles. Celles-ci n'étaient plus la grande aventure de sa vie. Des forces démoniaques lui enlevaient tout pouvoir sur ses orteils comme sur les hauteurs ensoleillées de son âme. Lorsqu'un nègre file ce coton-là, il ne reste plus qu'à commander son cercueil et à prévenir le père Savane.

Jérôme Cançon-Fer, le guérisseur le plus important de Cap-Rouge, confirma avec des propos plus alarmants encore le diagnostic des autres *houngans* du hameau. Quand un nègre n'a plus de nouvelles de ses pieds et de ses couilles, le Cap-Rouge ou la lointaine Guinée de la vie, ça revient au même !

— Pauvre défunt Ti-Dor, c'était un nègre de

bonne combustion. Il avait un melon d'eau à la place du cœur. Il était laborieux et courageux face à ses tribulations et à celles des autres. Question d'ensorceler les femmes, et surtout de leur faire des enfants, seul un épi de maïs pouvait à la ronde rivaliser avec l'impétuosité de sa braguette de coq-bataille !

Originaire de l'île de la Tortue, Dieuveille Alcindor s'était fixé à Cap-Rouge, dans le sud-ouest de Haïti, quelques mois après la « pacification » du pays par les Yankees. Selon la légende de ces temps-là, Alcindor s'était battu dans les rangs des rebelles Cacos qui avaient résisté aux fusiliers marins dans les montagnes du Nord. Echappé de justesse à un poteau d'exécution, les hasards de la fuite l'avaient conduit à ce plateau de Cap-Rouge, après toutes sortes de vicissitudes. A son arrivée, il avait acquis presque pour rien un lopin de terre, plutôt quelques carreaux de halliers épineux depuis longtemps abandonnés aux couleuvres, aux mabouya-lézards et aux corbeaux de l'infamie. Personne n'en avait voulu. A la tombée de la nuit, on faisait des détours pour éviter ce champ maudit : il devenait, disait-on, un carrefour où se donnaient rendez-vous les zobops, les vlanbindingues, les cochons-sans-poils et les autres « mauvais esprits » de la région.

Ce fut de la part de Dieuveille Alcindor un acte héroïque que de s'installer à un tel endroit. Atibon-Legba, maître des carrefours d'Haïti, m'aidera, se dit-il, à débarrasser ce terrain de ses intrus diaboliques. A plusieurs reprises, Alcindor faillit s'avouer vaincu : les pousses qu'il plantait le matin, malgré tous ses soins, rarement parvenaient à souhaiter le bonsoir à la lune et aux étoiles. Mais une rage bleue encourageait chaque battement de son cœur au combat et au travail de la vie. Au bout de quelques années, la « savane maudite », sous les mains d'Alcindor, finit par se transformer en une terre méconnaissable de santé ; des arbres fruitiers, le maïs, les patates douces, les pois-congos, le manioc, voire les grands buveurs d'eau que sont la malanga, l'igname et la canne à sucre, évincèrent le cauchemar des buissons épineux et des cacti. Dans ce vert triomphant vinrent aussitôt installer leurs partitions les ortolans, merles, tourterelles, colibris, mesdames-sarah, charpentiers, pintades et autres musiciens volants. Dès lors, Dieuveille Alcindor cessa d'être le « mauvais esprit étranger » de Cap-Rouge. On ne le tint plus à l'écart des *coumbites* [1], des cérémonies vaudou, des *bandes-raras* [2] et des autres activités collectives du hameau.

Maintenant, dans tous les champs, les gens se signaient ou crachaient violemment leur désolation dans la poussière quand ils tournaient les yeux vers le toit de chaume sous lequel s'effilochait d'heure en heure l'identité d'Alcindor. Autour de sa maison régnait déjà une atmosphère de veillée funèbre. Des corbeaux étaient revenus et, dans le feuillage des calebassiers, ils rajeunissaient leur deuil perpétuel à l'odeur proche de l'agonie. Buffalo, le chien de chasse

1. Forme de travail coopératif dans les campagnes.
2. Processions carnavalesques dans les campagnes.

d'Alcindor, de temps à autre décochait une phrase lugubre contre le ciel. Les chrétiens-vivants se taisaient : Cécilia, la femme légitime d'Alcindor ; Marianna, sa jeune femme-jardin ; Dorée, sa compagne des saisons-sous-la-mer ; Andréus, son beau-frère ; Lerminier, Emulsion-Scott, ses voisins ; sans compter ses enfants, chacun né d'une tempête différente, tout ce monde *alcindorien* par la grâce de Dieu et d'Atibon-Legba allait et venait sur la pointe des pieds, dans la crainte qu'un geste maladroit, le heurt d'une chaise, la chute d'un objet, un éternuement mal embouteillé, n'enfantassent dans la case un remous qui pourrait être fatal à Alcindor sur la corde cosmique où se démenaient ses jours. Il n'était visiblement qu'un sac d'ossements d'où émergeait un visage si effilé qu'il risquait de couper toute parole de dernière volonté qui pourrait s'ébaucher sur les lèvres du mourant.

Mais, comme Dieuveille Alcindor devait le raconter plus tard, même dans cet état désespéré, au fin fond de lui-même, il était encore loin de croire perdue la cause unique de sa vie. Malgré le verdict des *houngans,* le désespoir des siens, les *libera* fous de Buffalo, l'arrivée à point des corbeaux, quelque part en lui la rage de vivre continuait à faire des sauts de dauphin en chaleur. Un nègre de son tirant d'eau ne passe pas à l'autre rive comme un poulain enjambe une haie de cactiers. On ne clouera pas de sitôt le cercueil d'acajou de Dieuveille Alcindor, que la foudre écrase ses couilles ! Son père, défunt Aristhène Alcindor, était mort à quatre-vingt-douze ans bien sonnés, et ce jour-là, défunt

général Mabial Limabial, son grand-père mater-
nel, à plus de cent ans, pouvait encore aider à
porter le cercueil au cimetière. Des palmiers
comme son cœur ne mouraient pas à hauteur de
coquelicots. Le sien pointait vers le ciel un
bonjour lisse et ferme.

O Jésus-Marie-Joseph, ô papa Guédé Nibo, si
Dieuveille Alcindor a une fois seulement dans sa
vie traîné dans la boue la flèche d'amour qui
respire dans son caleçon, emportez son âme
comme un falot de piquants, faites-en une meule
de maudit charbon, mais si, au contraire, vous
reconnaissez que sa tête d'homme est toujours
peuplée de lauriers-roses et de rossignols amis
des chrétiens-vivants, ô *loas* de Guinée, anges des
étoiles, permettez au palmier royal des Alcindor
de tenir la parole donnée à des racines de l'autre
monde ; accordez-lui encore à Cap-Rouge quelques saisons de pluies et de fleurs dans la chair
des négresses qui auront seize ans cette année !

« Oui, quand il aura fait mûrir au soleil de son
fabuleux membre encore une bonne douzaine
d'entre elles, il ne boudera plus la mort, il aura
rempli jusqu'au bout son devoir d'émerveillement. Qu'on le laisse encore labourer, ensemen-
cer quelques-unes des bonnes terres qui récla-
ment à grands cris le soc des Alcindor ! Qu'on le
laisse tremper une dernière fois ses pieds nus des
tropiques dans la fontaine assoiffée des jeunes
négresses de Cap-Rouge pour le plus grand bien
des plantes, des torrents, des pluies et des
espérances de la région !

Ce fut Andréus Limabial qui saisit au vol sur
les lèvres du moribond le nom d'Okil Okilon. Il

comprit de suite que son beau-frère voulait tenter
une dernière carte. Comment n'avait-on pas
pensé au savoir d'Okilon ? Sans doute à cause de
la réputation qu'il avait de prendre le parti des
« mauvais esprits » contre la santé des chrétiens-
vivants. Okilon était plutôt un fameux assassin.
Non seulement il hâtait le départ de ses patients,
mais une fois enterrés il allait les réveiller pour
les obliger à travailler comme zombies sur ses
terres. C'était un ennemi de la vie. Alcindor le
savait comme tout un chacun. Malgré cela, il
réclamait sa présence. La volonté d'un agoni-
sant est sacrée. Peut-être pour la première
fois Okil Okilon va-t-il trouver sur son chemin un
nègre aux couilles mieux montées que les
siennes !

Okil Okilon arriva au crépuscule chez les
Alcindor. Il était tout étonné d'avoir été appelé
au chevet d'un Dieuveille Alcindor. Celui-ci
n'avait jamais répondu à son salut. Souvent il
avait pensé que ce nègre à la renommée d'étalon
ferait une pièce de choix dans son élevage de
zombies. Il n'aurait pas cru qu'une telle satisfac-
tion lui serait accordée si vite. Une joie sans
bornes s'alluma dans l'œil gauche d'Okilon,
tandis que son œil droit essayait d'attraper au
piège d'une énorme loupe les symptômes de la
maladie qui emportait Alcindor. A l'aide de la
loupe il explora longuement le corps du malade,
pore après pore, une couille après l'autre, comme
les pièces délicates d'une horloge. L'examen
terminé, le célèbre *bocor*[1] sortit de la poche de sa

---

1. *Houngan* s'adonnant à la magie noire.

vareuse un petit drapeau rouge, et il se mit à l'agiter, en signe de victoire, au-dessus du corps d'Alcindor.

— Général Dieuveille Alcindor, déclara Okilon, ta guérison s'appelle *houari*[1]. C'est la graine que j'ai vue briller dans la loupe au niveau de la plupart de tes organes. A la hauteur de ton cœur et de tes parties j'ai vu un arc-en-ciel se lever dans cette loupe. Oui, toutes les couleurs de la vie veillent encore dans ta chair de nègre bien né. Le *houari* est le bouclier végétal, rouge et noir, qui va résister aux assauts de ce maudit paludisme qui a juré d'avoir ta peau. Le général Houari est le bienfaiteur du sang des chrétiens-vivants! Il va monter désormais la garde en toi! Vous tous ici présents, criez donc votre reconnaissance aux épaulettes rouges et noires du général Houari!

— Vive et merci Papa-Houari dans les siècles des siècles, ainsi soit-il, amen! s'écria le chœur familial.

Maintenant, personne ne pouvait quitter des yeux le noyau miraculeux que maître Okilon tenait délicatement entre le pouce et l'index. C'était une sorte de noix, rouge et noire, légèrement ovale, et de la grosseur d'un œuf d'ortolan.

— Pendant trois jours, dit Okilon, tu feras, commère Cécilia, avaler une infusion de *houari* à ce veinard d'Alcindor. Pour que cette médecine royale puisse produire tous ses effets, il faudra passer la graine au feu. Pas à n'importe quel feu de bois. Dans le cas de Dieuveille Alcindor, la

1. Sorte de noix sauvage.

plus jeune femme de sa maison doit, toute nue, traverser trois fois le foyer afin que son sang neuf puisse se mêler au pouvoir tutélaire du feu. Je ne m'appelle pas Okil Okilon si au quatrième matin qui suit mon traitement l'ex-malade ne se lève pas d'ici pour aller grimper sur un cocotier !

Okilon confia le sachet des *houaris* à Cécilia Alcindor. Il remit la loupe dans son étui de cuir et, avant de prendre congé, il crut nécessaire d'insister auprès de la famille sur un détail important de son ordonnance :

— N'oubliez surtout pas que le *houari*, pour produire l'effet miraculeux que nous attendons, doit être préalablement passé au feu du vagin le plus intrépide de la maison. Je dis bien au feu le plus vaginalement lyrique de la maison ! Au revoir !

— Au revoir, maître Okilon, cria la famille, éberluée.

Cécilia Alcindor, aussitôt après, se pressa d'exécuter la bienfaisante prescription. Elle alluma sous la tonnelle un viril feu de bois-pin. La jeune Marianna, connue pour ses charmes de femme-jardin, se déshabilla complètement. Trois fois de suite, ses dix-sept ans exécutèrent une danse de vie sur les belles flammes qui tremblaient de joie entre ses jambes écartées. On n'avait jamais su jusque-là que la rondeur de ses seins et de ses fesses cachait sous sa robe de tels prodiges de santé. Après avoir béni le feu, au lieu de se rhabiller, elle entra dans la pièce où Dieuveille était couché, elle répéta au-dessus de lui, sans le toucher, la danse rituelle qu'elle venait d'exécuter au-dessus du feu.

Pendant ce temps, il vint à Cécilia une idée qui lui parut de bonne inspiration. Au fond, pourquoi ne ferait-elle pas infuser d'un coup trois graines de *houari* à son malheureux Dieuveille? Trois graines feraient en une nuit un meilleur travail qu'une seule petite graine. Trois généraux, ça fera tout un état-major à déjouer, dans le corps de papa Ti-Dor, les plans de la fièvre ennemie!

Un instant après, Alcindor crut retrouver dans les cuillerées qu'on lui faisait avaler le goût même qu'avaient les hormones fraîches de Marianna bues à la source de sa dix-septième année...

Le lendemain matin, quand Cécilia voulut dire bonjour à son mari, elle resta clouée durant plusieurs minutes sur le seuil de la chambre. Et tout Cap-Rouge ensuite sursauta à ses cris d'épouvante. Au lieu du visage douloureusement familier de papa Ti-Dor, elle vit le masque d'un Blanc sur l'oreiller. Andréus, Dorée, Marianna, Emulsion-Scott, se rendirent à la même évidence : un Blanc sommeillait à la place de Dieuveille Alcindor. Ce fut alors un sauve-qui-peut vers la barrière de la propriété. Buffalo sortit de la chambre à son tour en poussant des aboiements lugubres. En un instant le hameau fut mobilisé. Un groupe de courageux finit par se former, avec Okil Okilon à leur tête. Okilon fut le premier à s'aventurer dans la chambre d'Alcindor : au bout de trois pas, il perdit connaissance. Les autres *houngans,* serrant les coudes, attendirent un long moment avant de s'avancer vers le lit du fantôme blanc. L'inconnu se réveilla et se mit à les dévisager avec stupéfaction. Tonton

Dérance, le doyen de ces « docteurs-feuilles »,
eut une inspiration soudaine :

— Monsieur, dit-il avec respect, pourriez-
vous nous dire où est passé Dieuveille Alcindor,
un fils bien-aimé de Cap-Rouge ?

A entendre ce nom, l'inconnu se mit brusquement sur son séant. Il porta le regard à ses mains
et à ses jambes. Il se frotta les yeux comme pour
se convaincre qu'il n'était pas le jouet de quelque
hallucination. Il demanda un miroir. Aussitôt
placé en présence de son image, il poussa un cri
déchirant qui changea en hérisson le cuir chevelu
de tous ceux qui l'entendirent à des lieues à la
ronde. Dieuveille Alcindor venait de se trouver
devant un Blanc au visage réjoui de santé qui
n'était autre que Dieuveille Alcindor en personne ! Il se trouva de nouveau tout seul dans la
chambre, ses visiteurs, terrifiés, ayant mis les
jambes à leur cou.

Quand donc prendrait fin mon calvaire ? se
demandait Dieuveille Alcindor. Depuis qu'il a
été enlevé de Cap-Rouge, que de stations son
désespoir n'a-t-il pas connues ? Et la croix, il ne
la portait pas sur les épaules comme Papa-Jésus,
elle était dispersée en lui-même, diffuse, chair de
sa chair la plus secrète, incorporée à chacun de
ses pigments. Pas même son ombre ne lui était
restée fidèle. Le mal du nègre-natal l'accompagnait partout, et le soleil et les femmes n'y
pouvaient rien.

Dieuveille Alcindor était entre les mains des
médecins de Port-au-Prince l'étrange cas qu'on
leur avait envoyé de Jacmel. Ils se livraient à

toutes sortes de recherches et d'observations sur ce paysan de Cap-Rouge devenu aussi blanc qu'un Danois depuis qu'il avait ingurgité une décoction de *houari*. Ils avaient sous les yeux un phénomène humain dont l'aventure génétique pourrait intéresser les milieux scientifiques internationaux. Le correspondant de la U.P.I. alerta l'opinion mondiale sur le dangereux précédent que représentait Alcindor pour l'avenir de l'hégémonie blanche sur la planète. La photo de Dieuveille Alcindor illustra la couverture du *Time Magazine*. Dans les grandes capitales du monde, on se demandait quel serait le sort de la suprématie blanche si tous les nègres de la terre décidaient soudain de lancer l'offensive de cet insolite *houari* de la brousse haïtienne. Des trafiquants sans scrupule sont capables, à travers la Caraïbe, le Brésil, l'Afrique, de se livrer à la contrebande de ce stupéfiant biologique. Plus aucun Blanc ne se sentira en sécurité dans sa peau de droit divin. La presse de l'Afrique australe voyait déjà le dernier des Bantous passer la ligne de l'être afrikaner. Les crues de la « barbarie nègre » devenaient incontrôlables...

Pendant plusieurs mois Dieuveille Alcindor fut tenu en observation à Port-au-Prince. Son retour à Jacmel n'apporta aucun changement à son état d'homme double. Des centaines de personnes, qui l'attendaient à l'entrée de la petite ville, le portèrent en triomphe. On voulait avoir ses impressions sur son séjour dans la capitale. Il se contenta de murmurer qu'il avait vécu à Port-au-Prince dans l'angoisse de récupérer le nègre de l'île de la Tortue. Les plus jolies filles de Jacmel

lui réclamèrent un autographe. Avec quoi signe-
rait-il ? Il n'avait que la croix de son âme. Un
prince s'était endormi pour toujours avec son
sexe. Le fourreau pâle qu'Okil Okilon avait
coupé sur mesure pour lui le gênait à tous les plis
et replis de son corps de zombie.

Il arriva à Cap-Rouge le même après-midi de
janvier. Il avait passé des mois à courir les
solitudes et les dérisions de la célébrité. A la vue
de son hameau perché dans l'intimité bleue du
crépuscule, il prit une poignée de terre et s'en
aspergea doucement la tête. Il était un singulier
métissage de haine et d'amour, de désespoir et
d'espérance éperdue. Ses larmes pouvaient éclairer le monde entier. Les habitants de Cap-Rouge
prirent la fuite à son approche. Il marcha jusqu'à
sa maison dans un sentier encore plus désert que
les trottoirs de sa vie. Les lauriers-roses et les
bégonias de naguère s'enfuirent à son approche
avec le même sentiment de terreur que les
vivants et les animaux. Il trouva sous la porte
d'entrée la clé déjà attaquée par la rouille. Il se
jeta sur une chaise envahie de poussière et de
toiles d'araignées. Il s'écroula dans le sommeil
avec l'ancre du bateau fantôme qu'il était
devenu. Le lendemain, il essaya en vain de
racoler un ami. Il apprit rapidement que les
zombies n'ont pas d'amis.

Le matin suivant, à l'orée d'un champ de maïs,
il entendit un bruissement de feuilles derrière
lui : c'était Marianna. Il découvrit aussitôt dans
ses yeux que son visage blanc était aussi tendre à
porter que celui du nègre qu'il avait perdu. Il

entra merveilleusement en Marianna. Pendant des années et des années, leurs actes d'amour eurent une influence fantastique sur le régime des pluies et sur les récoltes de Cap-Rouge.

*Une ambulance
pour Nashville*

Engagé volontaire à dix-sept ans dans la marine, Stefan Ransom s'était battu, tantôt sur mer, tantôt dans les îles du Pacifique, jusqu'au dernier jour de la guerre. Sa conduite au combat, notamment à Okinawa, lui valut l'honneur de recevoir (des mains mêmes du général Mac-Arthur) les plus hautes décorations de son pays. Un radieux avenir de marin semblait alors lui sourire. Il aimait d'ailleurs la mer. Dans une lettre à sa fiancée Emily Brown, il avait comparé la vie de la mer aux jours de tempête que leur « race » avait vécus sur les terres des Amériques. La mer pouvait aussi illustrer les meilleurs côtés de la vie : un soir où son croiseur s'approchait de l'île de Guam, en regardant le mouvement sensuel des vagues, il avait pensé à ce qui se passerait entre Emily et lui la nuit de son retour au pays.

Le mois de mai 1946 était un fleuve de perles au cou de Colombia, petite ville du Tennessee. C'était le premier printemps de l'après-guerre. En ces jours de grâce, même le ghetto noir de Mink Slide avait perdu son air d'incurable

blessure de l'histoire. Du matin au soir, au fond
des bosquets, sur les fils télégraphiques, dans la
parole des amants retrouvés, les oiseaux du
Tennessee réinventaient le lyrisme des temps de
paix. Le soleil, la rosée, les brins d'herbe, les
papillons, les yeux des humains comme ceux des
plus humbles animaux, ajoutaient de neuves
harmonies à l'éclat de la belle saison.

— O Emily Brown, tu as les fesses en alléluia !

Le vieux Ted Sam, au seuil de sa boutique de
cordonnier, avait lancé ce cri d'admiration au
passage d'Emily Brown. La jeune fille, ce matin-
là, n'avait pas eu honte de cette allusion osée à
son derrière. Tout son être n'était-il pas en
alléluia avec le monde ? A dix-neuf ans, elle était
une légende égarée parmi la détresse de Mink
Slide. A New York ou à Los Angeles, son luxe
corporel n'eût sans doute pas été un perpétuel
sujet d'émerveillement. Mais dans la grisaille de
Mink Slide, Emily était un miracle de la lumière
femelle. Même le pasteur de l'église baptiste, le
révérend Edgar Hughes, n'avait pu la regarder
passer sans croire que si le paradis existe vraiment sa porte principale doit ressembler à l'arche
qui couronne les cuisses félines d'Emily Brown !

Cependant, de Pearl Harbor à Hiroshima,
Emily avait sagement attendu le retour de Stefan
Ransom. Son cœur avait été un petit oiseau
migrateur qui, de vague en vague, de buisson en
buisson, avait suivi les engagements auxquels
Stefan prenait part sur les fronts du Pacifique.
Elle était sûre que le chant de ses seins, dans le
souvenir du jeune homme, le protégerait des

balles et des obus japonais. La guerre, en effet, le
lui a rendu sain et sauf.

Maintenant le jeune couple marchait dans le
centre commercial de Colombia. Ils avaient
passé les jours précédents à faire l'amour. Leur
étreinte avait la force et l'unité d'un orchestre de
jazz : à chaque coït, la trompette du plaisir,
commencée en duo, débouchait sur un solo
lancinant, avant de les précipiter à pic dans la
baie merveilleusement tranquille des blues de
leur enfance. Ils tenaient également à danser à la
folie leur passion d'être en vie. Pour cela, ils
allaient retirer chez George Stevens and Co le
poste de radio qu'Emily avait mis en réparation
une semaine plus tôt.

— Est-ce qu'il marche bien maintenant?
demanda Emily au commis blanc qui commençait à emballer le poste.

— Oui, nous l'avons réparé, répondit sèche-
ment le commis.

— Je n'en doute pas, dit Emily, mais je
voudrais tout de même en avoir le cœur net.

— Laissez-la donc tripoter sa camelote, inter-
vint Stevens, le propriétaire du magasin.

Stefan brancha l'appareil. Le cadran s'alluma.
Il se mit à manœuvrer l'aiguille. Des parasites
giclaient ici et là. L'adjonction d'un fil de terre et
d'une antenne n'y changèrent rien.

— On n'est pas plus avancés qu'avant, fit
Emily.

— Pourtant il a bien marché avant de vous
avoir vus, dit le commis.

— Les radios aussi, enchaîna Stevens, en ont
parfois marre de la compagnie des nègres !

Stefan se sentit soudain projeté dans un petit matin des îles Salomon où un soldat ennemi avait failli lui trancher la tête d'un coup de sabre. Il avait envie de riposter comme au front. Il écrasa entre les dents le piment de sa rage. Emily était à ses côtés. Il cala le poste sous son aisselle et, du bras libre, il entoura les épaules de la jeune femme.

— Allons, ma chérie, dit Stefan.

Elle ne bougea pas, les yeux hautainement fixés sur Stevens.

— Votre Altesse Royale attend-elle qu'on lui avance une civière pour foutre le camp? dit Stevens.

— Putain de négresse, on te parle, ajouta le commis.

Stefan emporta aussitôt Stevens dans une houle de coups de poing. Le commis en profita pour gifler violemment Emily. Stefan se retourna vers lui et, d'un crochet, l'expédia en catastrophe sur la devanture du magasin. Les vitres s'étoilèrent dans les jambes des passants.

— Tuez ces sales nègres! Tuez-les! commencèrent à vociférer les deux Blancs en gagnant la rue.

En un instant le trottoir se hérissa de Blancs en furie. Les menaces et les injures fusaient de partout.

— Depuis qu'on leur répète qu'ils ont gagné la guerre, ils se promènent en vainqueurs dans nos rues!

— A mort les fils de pute!

Emily et Stefan restaient coincés dans le magasin tandis que la foule s'épaississait, s'encolérait et écumait contre eux. Des agents de police finirent par arriver. Stefan leur montra son carnet d'ancien combattant. Ils aidèrent les jeunes gens à se dégager du volcan. Le couple prit à la hâte un taxi pour rentrer à Mink Slide. Après la trêve des premiers jours de mai, l'horreur et la souffrance de l'Amérique les avaient ressaisis. Jusqu'à une heure avancée de la soirée ils firent des projets. Leur décision était arrêtée : le lendemain ils prendraient le premier train pour New York. Peu importait leur manque d'argent, ils étaient jeunes et beaux, ils savaient danser et chanter, ils traverseraient le désert des Blancs !

Emily fut la première à entendre les coups de feu.

— Stefan, réveille-toi, on tire dans le quartier !

D'autres coups retentirent, encore assez loin.

— On tire au Springfield, précisa Stefan.

Au même moment quelqu'un frappa à la porte de la maison.

— Qui est là ?

— Ton ami Randolph.

Stefan alla lui ouvrir. Deux autres jeunes accompagnaient son copain.

— Que se passe-t-il ? demanda Emily.

— Voilà, dit Randolph, Mink Slide est encerclé. Les Blancs ont fait courir le bruit que des anciens combattants noirs, après votre incident de l'après-midi, avaient décidé de marcher sur Colombia pour vous venger. Ils disent que nous sommes bien armés. Le maire a alerté les autorités de l'Etat, et le gouverneur MacNolly a promis d'envoyer des renforts. Trois compagnies de gardes d'Etat sont déjà parties de Nashville. La police routière s'est jointe aux troupes du Ku Klux Klan. Nous allons vous aider à vous enfuir d'ici.

— Partons de suite, dit Emily.

— Notre fuite ne calmera pas ces forcenés, dit Stefan. Quand ils ne nous auront pas trouvés, leur soif de sang se rabattra sur les innocents qu'ils auront sur leur chemin. Pour nous autres nègres la guerre n'est pas finie. Battons-nous !

Stefan ouvrit un tiroir et en sortit un colt 45.

— J'ai aussi trois fusils de chasse, dit-il. Alors, les gars, on se bat ?

— Tante Jemina et oncle Tom sont morts, dit Emily. Nous devons donner la nouvelle à ces charognards de Blancs ! Battons-nous !

— On n'a que ça à faire, n'est-ce pas, les potes ?

Ils étaient tous d'accord.

Les assaillants du Klan conduisirent l'attaque de la rue Lincoln avec une précision militaire. Le pistolet de Stefan et les fusils de chasse furent vite acculés au silence. Les jeunes gens, faits prisonniers, se retrouvèrent solidement ligotés dans une cellule de la prison de Colombia. A l'aube, on vint chercher Stefan. Une demi-heure après, on ramena un inconnu : ses yeux, son nez, ses lèvres, son menton, formaient une seule bouffissure violacée et sanguinolente.

— A toi maintenant, la jolie môme, dit le policier en civil à Emily.

On la garda également une demi-heure. A son retour, elle était tout, sauf un alléluia de la belle saison. Les trois autres jeunes gens furent aussi sauvagement tabassés.

— Maintenant que chacun a eu son compte, dit le shérif en chef, disparaissez de la ville avant le lever du soleil. C'est la condition que le K.K.K. a posée pour votre survie.

Randolph, John et Jimmy aidèrent Emily et Stefan à gagner la sortie de la prison. Au bout de quelques mètres de leur marche titubante, Emily perdit connaissance. L'hôpital de Colombia refusa de les admettre. Un ambulancier noir accepta toutefois de les emmener à Nashville. Sur les chapeaux de roues, l'ambulance s'engagea sur l'autoroute de Nashville. Emily et Stefan étaient étendus sur deux civières contiguës. L'air de la campagne réanima Emily. Mais Stefan paraissait en plus piteux état que sa fiancée. Le chauffeur conduisait à tombeau ouvert dans le frais avant-jour. A Nashville, il arrêta l'ambulance à l'entrée de trois hôpitaux sans pouvoir faire admettre les blessés. Un quatrième, après de laborieux pourparlers, finit par les accepter. Il était trop tard. Pour séparer les corps sans vie d'Emily et de Stefan, il fallut couper les poignets de leurs mains unies.

Mémoires du
géolibertinage

1

En ce temps-là, mon existence avait trois étages : la cité universitaire de Paris où je résidais, la faculté de médecine où j'étais inscrit, l'hôpital Beaujon où j'étais externe. Quand je n'étais pas de service à l'hôpital, je passais mes soirées à la cité, au pavillon de Cuba, rivé à ma table de travail. Je consacrais mes loisirs de fin de semaine à la lecture et au sport. De loin en loin j'allais au théâtre, au musée, au concert et au cinéma. Je participais très rarement aux activités mondaines de la cité universitaire. J'étais l'un des milliers de jeunes hommes du tiers monde qui demandaient à Paris de leur expliquer la vie de l'après-guerre.

Mes forces étaient alors liées à un seul joug : l'étude. Un jour, après avoir beaucoup lu, j'osai regarder clairement le monde. Où que je tournasse le regard, je voyais un désert de mensonge, d'hypocrisie, de bestialité. La fameuse civilisa-

tion moderne maintenait les yeux fermés sur les
problèmes essentiels de l'homme. Et aveuglément, à perte de vue, on emprisonnait, torturait,
humiliait, zombifiait, racialisait, animalisait,
écorchait l'homme partout où il osait lutter pour
une humanité réelle. Aveuglément, on mentait à
l'homme noir, à l'homme jaune, à l'homme
blanc. On mentait depuis des siècles à tous les
damnés de la Terre. J'étais l'un des fils de ce
vieux mensonge. L'un des fils d'une hypocrisie
depuis longtemps sénile. Je n'étais qu'un zombie
parmi des milliards d'autres.

Il fallait placer un *pseudo* devant chaque mot
du dictionnaire : pseudo-civilisation, pseudo-
culture, pseudo-raison, pseudo-identité
d'homme. Ce préfixe grec figurait aussi devant
mes mains, mes pieds, mon cœur, mon sexe, mes
rêves, mes lectures, mes glandes, mes fibres
nerveuses, mes plaisirs, mes relations avec les
autres, devant mon destin même. J'étais alors un
pseudo-Olivier Vermont barbotant dans la mare
d'une pseudo-vie...

L'œuvre de la barbarie était sous mes yeux :
massacres, cruautés, vols, mufleries, cupidités,
bassesses, insolences, dénutrition, mépris,
patiente et méticuleuse déshumanisation de la
vie. La déshumanisation était la seule réalité qui
pouvait se passer du préfixe *pseudo,* étant omnila-
téralement le cœur battant, le sang frais de
l'histoire des hommes. Ses squelettes étaient là :
les morts de l'esclavage, les morts des expéditions
coloniales, les morts des corvées, les morts des
lynchages et des pogromes, les morts des ratis-
sages et des quadrillages, les morts des camps de

concentration, les morts des grandes et des petites guerres livrées à l'homme de l'ouest à l'est, du nord au sud de la vie. Ils étaient sous mes yeux, les millions d'hommes enfin blanchis au goût de la raison d'Etat : secs, propres, polis, lisses, en un mot, de magnifiques objets de musées ! Alors, comme j'avais quelques années auparavant insulté la mère de la statue de la Liberté, à New York, je m'étais mis à copieusement insulter la putain de mère de l'universelle connerie. Je m'étais appliqué à l'agonir d'injures, à lui jeter au visage et aux seins toutes les obscénités et les malédictions de la terre.

Par la suite, j'avais été la proie d'un total désespoir. C'en était bien fini du jeune Noir souriant et fier qui, quatre ans plus tôt, avait débarqué, bon pied bon œil, sur le quai de Cherbourg. Je jetais désormais le même regard glacé d'indifférence sur les manuels de médecine, sur l'existentialisme, sur le marxisme, sur tous les drames qui enfiévraient le Paris de ces jours-là. Toutes les portes s'ouvraient sur des victimes. Tous les mots cachaient un cadavre. Dans ma tête comme dans mon cœur, la culture mondiale n'était qu'une épouvantable maladie. C'était une culture-serpent, une culture-chacal, une cultureexil ! Déjà en exil dans mon île lointaine, j'étais maintenant en exil en moi-même, dans mes faits et gestes, dans mes pensées comme dans mes os. On avait fait de moi un faux Olivier Zombie ! Où trouver la négation radicale, volcanique, de cette zombification profonde de mon être ? Où était pour moi une nouvelle géographie ? Où étaient

pour moi un nouveau nombril, une nouvelle
humanité ? Où donc ?

Pendant des mois ma rage tourna en rond.
J'abandonnai leur médecine. J'envoyai paître
tous leurs livres. Je crachai sur leurs films et sur
leurs tableaux. Je me cloîtrai dans ma chambre
de la cité universaire. En moi grouillaient des
cadavres de sentiments, des cadavres d'idées et
d'émotions. Le jour et la nuit, le soleil et la lune,
les étoiles et les arbres avaient en moi la même
pâleur de cadavre. De même que tous les petits
dieux fureteurs qui habitent la vie quotidienne de
l'homme. Quant à mes grands dieux du vaudou,
ils étaient loin, exilés eux aussi dans notre île-
ghetto.

Mais un matin, en regardant dans la glace, je
découvris dans mes yeux une lueur formidable-
ment inconnue. Une prodigieuse santé rayonnait
sur mon visage. Je m'entendis dire intérieurement : « Prends ton parti, vieux zombie haïtien,
ton salut sur la terre est du côté des femmes !
Jette-toi dans leur merveilleux courant. A la cité
universitaire même tu en trouveras qui sont de
tous les climats et de tous les vertiges. Baise-les à
sexe ébloui ! Fais de ce *géolibertinage* ta loi et ton
espérance.

Cette voix avait la douceur et la propreté des
oreillers de mon enfance. J'y posai tendrement
ma tête en feu et mon cœur blessé. Le mot même
de *géolibertinage*, dans sa fraîcheur d'alouette,
était fait pour m'éblouir ! Il n'était pas dans leur
dictionnaire. Il était tout neuf, tout nu, sans
aucun maudit *pseudo* accolé à sa splendeur, sans
aucun cadavre d'enfant attaché à sa roue solaire.

C'était un mot d'avant le mensonge et d'avant l'hypocrisie du monde. Il porta dans mes yeux, dans mon sang, dans mes testicules, le premier jour de la création. Tout l'insolite de la femme, et tout ce qu'il y a en elle d'incandescent, de savoureux et de vertigineux, tenait à merveille dans ces syllabes plénières :

GÉOLIBERTINAGE

A leur lumière, je découvris qu'il y avait à la cité universitaire, à Paris, des femmes de tous les pays, et beaucoup d'entre elles somptueusement douées pour les services dionysiaques de la vie. Elles devinrent mes hémisphères Nord et Sud. Elles étaient la marée montante de la vie. Elles étaient le nombril électrique de la terre, le grand influx nerveux qui protège le soleil, la lune, les saisons et les récoltes. Le bien, le juste, l'idéal, le vrai, le beau et le bon, le merveilleux, le singulier et l'universel, de même que tous les autres concepts abstraits du jour et de la nuit, une fois mis dans la position horizontale, devenaient concrets comme un sein, une bouche, un ventre, ou un grand cri glorieux de jeune femme qui jouit.

Je me mis donc en prise directe sur les femmes. Je découvris en moi-même le génie de la prospection du trésor féminin. Je choisis les femmes qui avaient une tête parfaite, des formes riches et pleines, des seins arrondis et arrogamment pommelés, des cuisses longues, nettes, souveraines, des genoux ronds, intelligents, souples, des chevilles déliées, des vagins mythiques et résolus

comme le premier jour d'un combat pour la
liberté.

Je les choisissais noires, blondes, jaunes,
rousses, brunes, mulâtres, avec des yeux humides
et lointains, des traits réguliers (ou agréablement
irréguliers), des bras harmonieux et pleins de
grands projets, des fesses frémissantes de santé et
de lyrisme, des fesses aux fortes ailes de bonté et
de tempête, des fesses qui tournaient comme des
phares autour de mes vagues les plus déchaînées.
Je choisissais celles qui avaient des mains hautement douées pour la magie, pour les travaux
alchimiques de la volupté et pour la piraterie en
haute mer. Je les choisissais avec un ventre
complice des volcans et des moissons et complice
de la combustion sublime du jour et de la nuit.

Je les choisissais dans le Paris de ma folle
jeunesse, avec des hanches qui montaient joyeusement à l'assaut des meilleures terres de mon
sang, et des jambes qui marchaient dans les os de
mes jambes. Je les choisissais pour la passion-
nante géométrie de leurs corps. Je choisissais
celles qui avaient le pubis large, évasé, généreux,
et bien rebondi comme la joue même de la santé.
Je choisissais celles qui avaient le front dégagé,
pur, doux, innocent ; celles qui avaient des gestes
d'enfant et de prophète, et aussi des gestes
solennels de pétrole qui brûle. Je ne les abordais
pas en grand seigneur caraïbéen, bien protégé
derrière des milliers d'années de suffisance mas
culine.

Au contraire, je m'approchais d'elles sans
orgueil, sans ruses ni forfanterie de guerrier, sans
brusquerie féline, sans la muflerie millénaire des

faux mâles. J'allais vers elles, j'allais sans fin vers mes fées, bondissant vers leur perpétuel printemps, comme la vague vers le rivage, comme la pluie va à l'arbre, le soleil à la terre, la lune aux moissons, la vie à la vie. Je me tenais debout ou couché dans leur odeur de marée haute, debout ou couché au soleil de leur nudité. Je parvins ainsi à une connaissance encyclopédique de leur univers. Je déchiffrai passionnément les codes les plus secrets de leur nature. Je me familiarisai avec leurs élans d'amour, de jalousie, de tendresse, d'espoir, de foi, de colère, de bonté, de justice, de méchanceté, de détresse, de perversité et de maternité. J'explorai dans la jubilation chaque millimètre carré de leur lumineuse géographie. Je connus bibliquement tous les mystères de leurs cheveux, la grande aventure de leurs baisers, les courbes de leurs mouvements, les égarements chimiques de leurs odeurs de femelles. Je dressai l'inventaire de leurs saveurs. Je devins le grand flibustier de leur peau noire, blanche, jaune, *griffe, grimelle,* mulâtre, *sacatra, marabou*[1], suivant à la loupe magique tous les avatars génétiques du métissage des prétendues races.

Je me livrai à des milliers de relèvements de terrains : relèvements de fossettes et de points noirs, relèvements de lunules et de verrues, relèvements patients de tous les délires de la chair féminine. J'appelai à mon aide toutes les sciences et toutes les magies. J'eus recours à la

---

1. Termes issus de l'époque coloniale désignant les mulâtres et correspondant à différents degrés de métissage.

cybernétique et au vaudou, à la psychanalyse et à
la *santeria* [1], à la chasse sous-marine et à l'explora-
tion cosmique, à la gynécologie et au yoga, à
l'anthropométrie et au bouddhisme zen, à l'ar-
chéologie et à la cabale, à la recherche nucléaire
et à la *macumba* [2].

Elles furent mon Mahâbhârata, mon Rigveda,
mon Epopée de Gilgamesh, mon Avesta, mon
Che King, mon Dialogue du Désespéré, mon
Hymne au Soleil, mes Instructions à Mérikara,
ma Grammaire de la langue mésopotamienne,
ma Bibliothèque d'Assourbanipal, ma Solitude
des Sept Semaines, mes Œuvres complètes
d'Adam, mon Popol Vuh, ma Bible, mes Mille et
Une Nuits, mon Talmud, ma Chronique de
Constantinople, mon Colloque des Oiseaux, mon
Masnavi Spirituel, mon Bhagavatam, ma Geste
de Padmasambhava, ma Vie de Milarepa, mon
Kâma-sûtra, mon Histoire secrète des Mongols,
mon Kodjiki, mon Coran, mon Chilam-Balam,
mon Kiêu, mon Pararaton, mon Hman-nan
Yâzâwin, mon Sidrâ de Yahyâ, mon Iliade, mon
Odyssée, mes Antigones, mes Magiciennes, mes
De Rerum Natura, mon Beowulf, mes Bylines,
mon Chaka, mon Dit du Prince Igor, mon Chant
des Nibelungen, ma Chanson de Roland, mon
Don Quichotte de la Manche, ma Divine Comédie, mes Tragédies shakespeariennes, ma Neu-
vième Symphonie, ma Comédie Humaine, ma
Guerre et Paix, mon Ulysse, mon livre des Loas

1. Equivalent du vaudou à Cuba.
2. Equivalent du vaudou au Brésil.

du Vaudou, mon éblouissante mythologie de tous les temps.

Aux côtés de mes femmes, aux confins rayonnants de leurs orgasmes, je fus tour à tour Out-Napishtim et Atibon Legba, le Christ et le *houngan* haïtien Antoine Langommiers, Bouddha et Ogou Badagris, Confucius et Agoué-Taroyo, Mahomet et Damballah Ouèdo. Pour mes fées douces je fus aussi passionnément Kalidassa, Thalès de Milet, Hipparque, Ptolémée, Lucrèce, Swedenborg, Leonardo da Vinci, Descartes, Pasteur, Einstein.

Sous les tropiques mêmes de leur chair, au milieu de leurs plus folles tempêtes, je fus en même temps Dessalines et Baudelaire, Béhanzin et Léon Tolstoï, Ali-Houssain-ben-Ali-ben-Sina et Shango, le cacique Caonabo et Abraham Lincoln, Alfred Nobel, Sibelius et Moteczuma, Li Tai-Pé et Beethoven. Je fus aussi éperdument pêcheur de perles, horticulteur de la rose noire, chasseur de l'algue blanche, alchimiste des belles formes, corsaire, mathématicien, poète épique, *houngan*, mineur, pope, alphabétiseur, mage, charmeur de serpents et charmeur d'étoiles, avaleur de flammes, pape, dompteur, oiseleur, colporteur de délices, docteur ès caresses, astronaute, cartographe, cybernéticien des vastes jardins féminins où pour moi commençait l'éternité !

2

J'étais donc à même de dresser une carte précise des ressources érotiques de la planète. Mon atlas de géolibertin renseignait magnifiquement sur les dons respectifs d'Haïti, de la France, la Suède, le Brésil, Cuba, l'Inde, le Dahomey, le Chili, la Grèce, le Japon, l'Arménie, la Birmanie, Tahiti, l'Argentine, le Sénégal, la Martinique, l'Algérie, la Tchécoslovaquie, Madagascar, la Pologne, le Kenya, la Turquie, la Guinée dite portugaise, les Etats-Unis d'Amérique du Nord, l'Islande, la Terre de feu, la Hongrie, le Mexique, la Hollande, Zanzibar, l'Italie, les îles de la Sonde, la Grande-Bretagne, le Yémen, la Guadeloupe, l'Egypte, l'U.R.S.S., le Ghana, etc. Je fis un monde savoureusement horizontal où il n'était jamais question de guerre froide, ni de rideau de fer, ni d'impérialisme, ni de pacte atlantique, ni d'explosion nucléaire, ni de Ku Klux Klan, ni d'expéditions coloniales, ni de raison d'Etat, ni de croix gammée, ni d'étoile jaune, ni d'apartheid...

L'une des plus agréables surprises que me procurait la lecture de ma mappemonde, c'était le fait que l'ordre des puissances mondiales n'avait absolument rien à voir avec l'univers de l'après-guerre. Les Etats-Unis, par exemple, occupaient peu d'espace au nord du continent américain. Ils faisaient figure de petit pays, tandis que les îles de la mer des Caraïbes, Haïti,

Cuba, la Martinique, couvraient des vastes terri-
toires. Le Chili était aussi immense que le Brésil.
En Europe, la France, la Hongrie, la Suède, la
Pologne, l'Italie, s'étendaient sur des superficies
surprenantes. En Afrique, le Dahomey, l'Egypte,
le Kenya, Zanzibar, avaient des frontières opu-
lentes. En Asie, le Japon était plus étendu que
l'Australie. Bali était bien plus grand que Suma-
tra et Java réunis. Tahiti était à lui seul un
septième continent. La géographie de l'U.R.S.S.
était également bouleversée. L'ordre des républi-
ques soviétiques avait subi des changements
profonds. La Sibérie et la Russie d'Europe réunies étaient plus petites que la Géorgie. En Chine
l'échelle des provinces changea aussi profondément. La même observation était vraie pour
l'Inde et pour l'Espagne. Le Viêt-nam dépassait
de loin les limites des U.S.A. de nos atlas
courants.

Des pays continentaux étaient devenus, sur
mon « Nouvel Atlas universel du XXe siècle »,
des îles battues par des bras de mer qui se
mettaient parfois violemment en colère. A ces
moments-là, elles semblaient justifier la méfiance
de Jean Bodin, au livre v de *La République* :
« *Insulares omnes infidos habere* ». (« Les insulaires
sont des gens dont il faut se méfier »). Je connus
l'attirance spéciale que, selon Lucien Febvre, les
îles connues, soupçonnées, inconnues, ont toujours exercée sur les navigateurs. C'est ainsi que
fascinèrent mon imagination l'Autriche, l'Ou-
ganda, le Paraguay, et surtout l'insularité somp-
tueuse d'Israël...

Des terres polaires comme la Nouvelle Sibérie,

l'île Adélaïde, l'Islande, grâce au climat de leurs femmes, rayonnaient désormais sous les tropiques. Une révolution du même ordre était visible sur le terrain des matières premières agricoles et industrielles. On produisait des épices en Suède : clou de girofle, muscade, gingembre, etc. On trouvait des mines de diamant en Sicile, à Trinidad, en Ecosse... L'Ukraine produisait une vanille de grande qualité. La canne à sucre poussait partout avec fièvre. La Norvège et la Grèce, côté café, n'étaient pas très loin de la production du Brésil, tandis que, côté céréale, le blé du Congo valait bien le blé canadien. Le miel du Cambodge était partout très demandé. Mais ce pays n'en avait nullement le monopole. On trouvait du très bon miel sur tous mes continents.

Il en était de même du vin d'Algérie, du rhum haïtien, du tabac cubain, du maïs de l'Angola, du piment des Célèbes et du Groenland. On pêchait des perles tout au long des côtes de la terre : perles noires, perles blanches, perles jaunes, perles *chabines*[1], perles *sacatra*[1], perles quarteronnes, perles métisses, etc. Les perles métissées étaient très recherchées pour le fait que dans leur lit le soleil ne se couchait jamais. On chercherait en vain sur ma carte des pays producteurs de matières premières stratégiques. Le géolibertinage me donnait une vision voluptueusement pacifique du siècle. (Le seul détail qui rappelait peut-être la guerre était la rigueur de carte d'état-major qu'avait mon atlas.)

---

1. Métis de Noir et de mulâtresse (ou de mulâtre et de Noire).

On voyait aussi sur mon globe terrestre beaucoup de contrées vierges. C'étaient celles sur lesquelles je ne disposais encore d'aucun renseignement. Je rêvais longuement avec Stanley au mirage de la forêt vierge : fascinante à distance, d'une beauté sans égale lorsqu'on la contemple de loin, sauvage, ingrate, fermée au soc de l'homme lorsqu'on cherche à y pénétrer. Je découvris le détroit des Onze-Mille-Vierges par cinquante degrés de latitude sud. Les tracés que je fis de certaines régions ressemblaient à ceux d'il y a plusieurs siècles, cartes et portulans du temps jadis, avec des inscriptions en latin, des allégories battues par le vent, des légendes inoubliables touchant mes Thulé et mon Atlantide. Je signalais la limite du monde érotique connu avec la légende suivante :

ICI COMMENCENT
LES LIONNES

C'est ce qu'on lisait aux frontières pleines d'incertitude des îles Vierges, de l'île de Sainte-Hélène, de la Cité du Vatican, du Népal, de la Nouvelle-Zélande, de la Belgique, de l'île Marie-Galante, de certaines principautés de la péninsule Arabique, de Monaco, du Turkestan chinois, de la Laponie, de l'Etat de l'Oklahoma, de Tanganyika, de l'Irak, de la Mongolie, etc.

Toutefois, à l'égard de ces *terrae incognitae,* je me sentais au corps des dispositions réunies d'Hérodote, de Posidonios, Strabon, Marco Polo, Christophe Colomb, Vasco de Gama, Amerigo Vespucci, Cook, Savorgnan de Brazza, Pizarre,

Nansen, Magellan. Je me disais avec orgueil que, si je parvenais à découvrir une de ces terres, on verrait mon nom luire à côté d'un détroit, d'un golfe, d'un circuit de rivages, d'un pays, et qui sait, avec beaucoup de veine, je laisserais un nom d'homme de paix et de tendresse à quelque Amérique de toute beauté.

À cette fin, mes voiles ne dormaient jamais, mes lampes à bord restaient toujours allumées ! J'avais sous les yeux un monde sans discrimination raciale, sans économie de guerre, sans patries à la dérive, sans barrières douanières, sans privilèges, sans cupidités, sans clochers, sans dogmes de proie, sans déserts, sans tremblements de terre, sans monopoles, sans cataclysmes de l'esprit et du corps, sans bêtes féroces.

Tendresse, tendresse à perte de vue ! Pour passer avec grâce d'un pays à l'autre, les seuls visas nécessaires étaient ceux de la santé et de la joie de vivre. Ces visas éclataient sur mon visage. De très loin, ils annonçaient que leur porteur appartient enfin à l'espèce humaine. J'étais citoyen d'une planète qui dans sa rotation autour du soleil accordait le sang de mes vingt-cinq ans à la plus folle et à la plus douce des géographies.

3

J'avais accroché mon atlas au mur de ma chambre. Je lui consacrais des journées entières. Et souvent, en pleine nuit, lorsque mon sang ne voyageait pas, je me levais pour rectifier le contour d'une côte ; pour rendre justice à une île placée, par erreur, aux pôles ; pour faire une fois de plus, avec les yeux, le grand tour de mon œkoumène.

Chaque fois, la terre généreuse des femmes me révélait des aspects nouveaux en Afrique, en Amérique, en Europe, en Océanie, etc. Je cherchais, cernais, assiégeais de toutes parts les mystères qui ne s'étaient pas encore ouverts à ma rage de vivre. J'observais tour à tour, je l'ai dit, avec le regard de la magie, de l'art, de la poésie et de la science. J'avais sous les yeux le spectacle de la nature, de l'amour, du travail, de la beauté, de la tendresse, sur toute la surface du globe.

Le géolibertin que j'étais se sentait l'étoffe tantôt d'un propagateur d'une nouvelle foi, tantôt celle d'un moraliste ou d'un naturaliste, et le plus souvent celle d'un philosophe de l'action-qui-transforme-le-monde et sa vie.

J'étais à la fois le Pascal, le Montaigne, le Darwin, le Humboldt, le Hegel et le Marx du géolibertinage. Parfois je recherchais simplement les émotions d'une existence aventureuse. Mon champ était illimité. Que de contrées que le soleil ne quittait jamais ! Que de cimes réputées inaccessibles m'avaient accordé leurs trésors ! De tous côtés, sur mes routes de géolibertin, que d'observations morales je faisais sur les habitudes, les mœurs, les délices, les arts, les traditions, les saveurs, les aptitudes des diverses terres ! Que d'empires qui paraissaient endormis entre leurs hautes murailles se réveillaient soudain à l'approche de mes muscles. De tous côtés, que de plaisirs singuliers, de charmes émouvants et solennels ! Que d'aventures, de surprises, tout au long de ces grands et petits voyages de mes globules rouges dans les veines consentantes des femmes !

Durant ces nuits de découverte ou de redécouverte, il me poussa dans les mains le talent d'un grand peintre. J'illustrai mes explorations avec des planches somptueuses. Peintre d'un Moyen Age charnel, j'ornais avec des fantaisies, et même avec d'incroyables extravagances, les nombreuses cartes que j'avais dessinées. Miniaturiste du douzième siècle, j'interprétai à l'aide de folles inventions des récits et des narrations dignes d'un grand voyageur vénitien. J'avais des estampes nouvelles pour chaque terre nouvellement explorée. Le géolibertinage absorbait tout mon temps. La cartographie occupait entièrement mes journées, et dès que le soir arrivait j'appareillais, toutes voiles dehors, sur cette mer où je pouvais toujours crier : Terre, terre !

Je me lançais dans Paris qui devint à la fois le Malte, le Chypre, le Suez, les Açores, le Panama, le Singapour du géolibertinage ! Ivre de liberté, je me laissais emporter par le vent. Parfois, en prenant le métro, en sautant dans un autobus ou un taxi, je répétais la bouche en feu une pensée de Diderot que j'aimais beaucoup : « La nature n'a donné ni serviteur ni maître, je ne veux ni donner ni recevoir de lois. » D'autres fois, c'est une réflexion de Stephen Dedalus ou du petit Prince de Saint-Ex. qui me tenait lieu de boussole : « Tu ne seras pas le maître des autres ni leur esclave. » De temps à autre, je sentais le

besoin de monter au sommet de la tour Eiffel
pour prendre une vue d'ensemble de mon champ
d'action. La ville s'étendait à mes pieds, mouton-
nante de bonnes lumières. Chaque lumière était
une baie, un cap, une île, une péninsule qui
réveillaient mon sang d'animal marin. J'avais un
débouché sans fin sur la mer libre.

Un soir de printemps, j'étais monté sur la
Tour, et je scrutais le large avec dans mon cœur
une tendresse intolérable. La ville, à perte de
vue, étincelait de convoitises, soulevée, ici et là,
de houles sensuelles, lascives, prêtes aux labours
que ma chair d'étranger affamé leur réclamait. Je
découvrais une fois de plus qu'il n'y avait pas de
danger que ma charrue mourût de faim sous les
assauts ironiques de la rouille. Paris, ronde,
féconde, me promettait à l'infini de nouvelles
terres à labourer. Paris m'offrait le spectacle de
sa rotondité, mère de toutes les rondeurs exoti-
ques, fertiles, qui lançaient leurs vagues contre la
coque de ma soif d'absolu. Paris roulait autour
de mon cerveau ses flots lourds et chauds de
femelle. Et, à mesure que le temps passait, cette
étreinte de la ville prodigieuse se resserrait
autour de ma vie comme une forêt vierge. Je me
sentais soudain oppressé, coincé sous la moite
frondaison d'une angoisse cosmique. Une voix
sourde, que je n'avais jamais entendue jusque-là,
me criait que même si je devais vivre mille ans je
ne pourrais labourer tout l'océan qui moutonnait
sous mon regard inassouvi. « L'atlas suspendu
au mur de ta chambre est une sinistre caricature
de la plénitude humaine », me dit la voix. Le
géolibertinage que tu as cru tirer du néant est

une nouvelle ruse de l'Europe, une autre farce du siècle. Tu n'as rien découvert. A travers tous ces corps adorables, tous ces périples jusqu'au bout de leur extase, tu n'as jamais été plus loin que la rue où tu es né, là-bas, dans l'île-prison. Tu n'es même pas un Marco Polo de poche! Navigateur au long cours, tu veux rigoler! N'importe quel Roméo de village a peut-être plus navigué que toi. Pauvre Ulysse de basse-cour, pauvre Olivier Zombie! Qu'attends-tu pour te lancer dans le vide?

Mes mains se tordaient de souffrance autour de la rampe en fer. J'étais un Icare aux semelles de plomb. La voix du cosmos intérieur continuait à me harceler de brocards et de sarcasmes. Toi, Olivier Vermont, tu n'es qu'une tremblante petite méduse que ballottent les eaux grises d'une mare! Tu n'es qu'un canot en papier d'emballage dans les mains d'un éternel enfant pervers. Tu es le nègre le plus antisocial que la terre ait porté! Ton atlas, tu dis ton atlas, ton nouveau monde, ah, ah, ah, en fait d'île perdue aux confins des mers la nature n'a jamais rien fait de mieux. Prométhée sur son rocher, le foie en miettes, était moins isolé que toi lorsque, dans ta chambre d'étudiant, tu te penches sur la carte de ton univers.

L'envie de crier meurtrissait ma gorge. Mais les cris ne partaient pas. Mon visage était ruisselant de larmes. Les lumières de Paris formaient sous mon regard une masse floue, lactescente. Non, non, non! L'étreinte de la nuit n'arrêtait pas de se resserrer. Ma gorge allait éclater d'un moment à l'autre. Je ne distinguais

plus rien. Paris, le ciel étoilé, mon destin, se
fondaient en vapeurs. Mes viscères, mon cœur,
mon passé, le géolibertinage, la foi et l'espérance,
avec toute la douleur qu'il y a au monde,
rejoignaient la matière gazeuse de la terre.
Encore une pression, et j'allais pouvoir planer
comme un nuage sur l'univers vaporeux de la
désolation humaine. Ce fut alors que ma voix
avec une force de lion blessé jaillit comme une
haute colonne de feu au sommet de la tour Eiffel.
Des noms de femmes crépitaient sur mes lèvres
avant d'exploser en syllabes perçantes au-dessus
de la ville.

Toute l'activité nocturne de Paris s'arrêta
brusquement pour prêter l'oreille à mes cris :

Anna	Lourdes	Assia
Maria	Sita	Greta
Gunnel	Béatriz	Yamileh
Jos	Zaza	Ingrid
Iseult	Isabel	Denise
Norma	Shima	Alicia
Ti-Lili	Doris	Marina
Rita	Ti-Chatte-Chérie	Alga-Marina
Evelyn	Pia	Sétona
Dorothy	Erika	Ludmilla
America	Loth	Natacha
Alejandra	Ruth	Anacaona
Ilona	Laure	Leila
Lida	Graziella	Dolorès
Zelma	Thamar	Mélissa
Mercedez	Thelma	Néfertiti
Consuelo	Sonia	Madeleine
Martine	Dina	Cléo
Bien-Aimée	Rosa	Betsabé
Suzanne	Lilian	Karomama
Olga	Lolita	Barbara
Ilse	Renée	Amour

Alba
Lottie
Titi
Chantal
Odette
Virginia
Yetta
Karin
Diotima
Lotte
Mona
Tamara
Mady
Margaret
Elisabeth
Djemila
Mimi
Annabel
Véronique
Paola
Soledad
Irina
Florence
Fleur de Lotus
Libertad
Patria
Mafalda
Rachel
Lou

Nancy
Nedje
Carmen
Etiennette
Françoise
Oreida
Cécile
Dominique
Marilyn
Gladys
Edna
Yolanda
Amparo
Sœur Emma
   de Los Angeles
Nathalie
Franca
Brigitte
Gise
Fefita
Zizi
Edel
Angelica
Valérie
Rosena
Nina
Simone
Marguerite
Margarita

Zdenka
Aurora
Edith
France
Esther
Colomba
Isis
Saintamise
Sandra
Gina
Hélen
Véra
Hilda
Ghita
Cristina
Dito
Nelly
Assunta
Natividad
Antonia
Juana-María
Doreya
Raymonde
Marlène
Grace
Gyslaine
Lazara
Aida
Délice

Tous ces noms, et des centaines d'autres, correspondaient à autant de pays de ma mappemonde. Face à chacun d'eux, un jour de gloire, j'avais crié dans la nuit de la mer : Terre, terre !

Maintenant, ils agitaient leurs ailes un instant avant de se changer en feuilles mortes au-dessus du fleuve sombre qui coulait à trois cents mètres sous ma désolation. A mesure que je criais, je sentais qu'une fois arrivé au dernier nom, une fois doublé le dernier cap de ma solitude, j'allais me lancer dans le vide pour prendre dans mes bras la seule amante qui pouvait me bercer pour toujours l'enfance perdue de mes os. Mais plusieurs mains m'empoignèrent et me traînèrent vers l'ascenseur de la Tour. Je continuais à crier des noms d'îles-jardins... Une main enfonça un mouchoir dans ma bouche. Je perdis connaissance.

Quand je repris mes sens, j'étais allongé dans une petite chambre aux murs nus et immaculés. Une infirmière était debout à mes côtés. Je me sentais vide, dépossédé, comme après une très grave opération. Je fis un effort pour parler. La jeune fille mit l'index sur sa bouche. Je me rendormis profondément. On me tint en observation pendant plusieurs jours. On m'autorisa ensuite à recevoir des visites. Les médecins (et les infirmières surtout) furent très impressionnés par le nombre de femmes qui accoururent à la clinique. Ma mine rassura tout le monde. On s'attendait à me trouver dans une camisole de force, hurlant encore, l'écume aux lèvres, des noms d'îles perdues. Mais on me vit les traits détendus, bavardant de tout avec un aplomb souriant. J'étais bordé, entouré, assiégé par le meilleur soleil de Paris. J'écoutai avec une joie sereine les propos des unes et des autres.

Quelques jours après, on me permit de regagner ma chambre de la cité universitaire. Mon premier geste fut de m'approcher de l'atlas accroché au mur. Je ressentis, à le regarder, la tendre mélancolie qu'on éprouve à feuilleter un cahier du temps où on était écolier, un vieux cahier couvert de légendes et de poussière, un vieux cahier qu'on garde jusqu'à la fin de ses jours. Avec les années, il acquiert la beauté quasi magique d'un arbre centenaire qui peut vous apprendre beaucoup de choses sur la pluie, le vent, les oiseaux, les abeilles, les jardins et les passions de la vie. Sans quitter mon atlas des yeux, je pris, ce jour-là, de fermes résolutions. L'une d'elles fut de tenir un journal. Je reproduis ici les lignes qui l'ouvrent :

24 mars.

Il y a encore des mers à explorer. Il y a en toi maintenant le passé, le présent et l'avenir de l'homme. Le véritable nombril du monde, ose partir à sa découverte ! Ta vie peut être plus fertile que celle de la mer. Jadis le don Juan occidental, face à son néant, se suicidait ou entrait au couvent. Il finissait, un jour ou l'autre, par rencontrer Dieu sur son chemin.

Albert Camus, quand il imagine, dans un essai célèbre, le drame de don Juan, voit celui-ci dans « une cellule d'un de ces monastères espagnols perdus sur une colline. Et, s'il regarde quelque chose, ce ne sont pas les fantômes des amours enfuies, mais peut-être, par une meurtrière brûlante, quelque plaine silencieuse d'Espagne, terre magnifique et sans âme où il se reconnaît ».

Le seul dieu qui risque de descendre dans ta tête, c'est l'un des loas *familiers du vaudou : Damballah Ouèdo, Atibon Legba ou Ogou Badagris ; mais, humbles dieux du sous-développement, ils n'ont pas eu les moyens de faire construire, dans nos mornes, des monastères avec des points de vue sur un abîme où ta vie pourrait se reconnaître.*

En exil dans ton cœur et dans tes mains, lève-toi et cherche sur les collines de ta patrie le genre d'action qui puisse le mieux remplir et fasciner une existence d'homme !

L'enchantement
d'une heure de pluie

Depuis son arrivée à Rio de Janeiro, Ilona Kossuth passait la plupart de ses soirées en compagnie de Margareta et moi. On allait ensemble au ciné, au restaurant, au cabaret et aux matches de football. On regardait rarement la télé. Les soirs où l'on restait dans l'appartement d'Ipanema, c'était pour bavarder. A dire vrai, le dialogue se passait entre les deux jeunes femmes. Ilona parlait deux langues inconnues de moi : le suédois et le hongrois. Ses parents, originaires de Budapest, avaient émigré en Suède avant la Seconde Guerre mondiale. Les parents français de Margareta étaient d'ascendance suédoise.

Quand la conversation pouvait m'intéresser, Margareta traduisait les paroles d'Ilona. Cela arrivait lorsqu'elles parlaient du Brésil. Et comment ne pas parler du Brésil à Rio de Janeiro ? Ilona, peut-être plus que nous deux, était sous le charme de Rio. Tout dans la ville la fascinait jusqu'aux larmes. Dans sa bouche, les noms des quartiers répandaient une odeur de fruits frais : Flamengo, Gloria, Catete, Botafogo,

Laranjeiras, Copacabana, Ipanema, Morro da Viuva, Leblon, Santa Teresa. Sa fascination transformait en courants de fraîcheur la fourmilière de Cinélandia ou l'ardente affluence de l'avenue Rio Branco. Ilona trouvait le Brésil patricien et raciste des beaux quartiers aussi vitalement africain que le Brésil du fabuleux petit peuple des *favelas* et des faubourgs.

Nous faisions des haltes dans les jardins de Rio, le souffle coupé devant l'exubérance de la végétation. Je n'avais jamais vu aux Caraïbes les nuances de vert s'accorder aussi sensuellement au jade de la mer. Avec Ilona et Margareta je découvrais également que des plantes extrêmement grasses pouvaient s'élever à la plus haute fantaisie.

Cette année-là, Santa Teresa était encore un havre de bougainvillées, de palmiers, de bananiers, de vérandas à balustrades, d'ombrages frais et d'azulejos qui étaient des balcons sur l'innocence du monde. Une seule chose agaçait Ilona et Margareta dans la fête de Rio : l'ondoiement sans fin de la ville autour de la baie de Guanabara. Cette géométrie tout en fesses et en ventres secrets offrait sans doute aux *machos* brésiliens leur modèle de paradis. Pour rêver dans une cité où « Dieu aime tant les courbes », disaient mes amies, il faut s'arracher à ses cycloïdes viscérales et s'élever vers le Pain de Sucre, les Deux-Frères, Corcovado, les Orgues, Gavea. Au niveau de la mer, on peut seulement jouir, mais on ne peut pas rêver, décidaient-elles péremptoirement.

Margareta traduisait ma riposte :

— Vous dites ça parce que vous venez d'arriver. Vous n'avez pas encore *vécu* un carnaval à Rio. Quand l'imaginaire brésilien entre en éruption, au niveau de la mer Rio invente le rêve aussi bien avec ses pieds, ses hanches, ses tripes, qu'avec sa tête d'illuminée !

Mes deux Européennes, l'une aussi belle que l'autre, se sentaient « mal équarries » au milieu des courbes féminines qui partout au Brésil arrondissaient l'espace de vivre. Elles restaient perplexes quand je leur disais sans démagogie que le galbe de leurs corps, sur la plage de Copacabana, pouvait donner autant de vertige que le mystère en perpétuel mouvement de la femme brésilienne.

Ce qui fait que la *carioca* navigue dans un roulis bien à elle, et qu'à ses côtés les autres femmes ont l'air d'un espace ensommeillé, c'est que sa beauté est toujours emportée par le rythme de la nature. Elle ne s'en sépare à aucun moment, ni debout, ni couchée, ni en marchant ou en faisant l'amour. La cadence lyrique de sa présence au monde n'est pas une affaire de corsage somptueusement rempli et d'arrière-train plantureux. Vous aussi, vous avez ces merveilles. Qu'est-ce qui vous manque ? On vous a appris dès l'enfance à ne pas vous abandonner au rythme de la nuit, des arbres, du vent, des eaux de la terre et du ciel. Ce rythme est pourtant en vous, c'est la parole lyrique de votre sang.

Un samedi après-midi, à quelque temps de cette conversation, Margareta et moi nous étions restés à la maison pour bricoler. On avait une centaine de nouveaux livres à ranger sur des rayons que nous avions à assembler. Tout en travaillant, on écoutait des concertos de Mozart. On sonna : c'était Ilona. Elle venait nous aider. Elle arrivait directement de la plage. Ses vingt ans sentaient le sel chaud et quelque animal des bois de Hongrie ou de Suède. Le ciel de Rio avait chaviré dans ses yeux naturellement bleus. Sa présence s'incorpora d'emblée aux notes rafraîchissantes de Mozart.

— Il va pleuvoir, dit-elle en portugais. Un orage vient de la mer.

— Chouette, alors ! dis-je. Depuis que vous êtes là, vous n'avez pas vu tomber une vraie pluie tropicale. Moi, je connais ça. Il tombait des miracles d'eau sur mon enfance.

Les premières gouttes commencèrent à tinter sur la baie vitrée du salon. Puis, en un instant, le ciel éclata en trombes d'eau sur Ipanema. On ne voyait plus rien au-dehors : seulement un tissu au grain serré comme une voile de bateau. Dans le salon il se fit une pénombre agréable. Les cheveux de Margareta et d'Ilona jetaient des lueurs de lampes-tempête.

Ilona était debout contre la baie, bouche bée, le souffle coupé par la rage diluvienne de l'après-midi.

Ilona enleva brusquement son corsage et son soutien-gorge. Ses seins sautèrent dans le rythme de la pluie. Margareta et moi, nos mains tremblaient sur les livres que nous continuions à placer. Ilona, dans une sorte de béatitude, laissa ensuite glisser sa jupe et son slip. Elle était la plus belle Brésilienne que pouvait inventer la pluie de Rio de Janeiro. Le courant merveilleux passa d'Ilona à Margareta. Ma femme enleva aussi ses vêtements et alla se placer aux côtés de son amie. Leur vie maintenant vibrait à la cadence du temps brésilien.

J'étais fou de désir et de gaieté. Fils de la Caraïbe, homme du Brésil profond, je n'étais pas un Dionysos fourchu et cornu qui conduisait dans le chemin de la joie ces « divinités blanches ». Portées par le rythme même de leur sang, Ilona et Margareta entraient avec grâce dans le mystère de nos terres américaines.

Je me dévêtis à mon tour et je m'approchai de la fenêtre. Je retrouvai soudain l'élan de mon enfance. La douceur de Mozart arrivait de très loin. Elle se mêla à l'eau qui éblouissait notre vie. Sur le tapis du salon, je voyageai à la folie avec Ilona tandis que je portais sur mon dos les courbes non moins folles de Margareta. Rien ne pourra jamais être plus ineffable que la pluie de cet après-midi-là.

Noces à Tiscornia

1

C'était vers sept heures, un soir d'octobre
1952. Une heure auparavant, le caporal Alonso
avait fermé à clé l'unique porte d'entrée du
pavillon de Tiscornia où j'étais interné avec ma
superbe Evelyn. J'étais allongé tout habillé sur le
lit de fer de la cellule. J'avais dîné au réfectoire en
compagnie des autres détenus ; ensuite le chef du
camp d'internement, le capitaine Sosa Blanco,
m'avait autorisé à rendre visite à ma femme, à
l'infirmerie. Elle y avait été admise la veille sous
une forte fièvre urticaire. Elle faisait une réaction
allergique à l'alimentation de Tiscornia. J'avais
trouvé Evelyn passablement abattue, non tant
par ses vilaines éruptions que par les ennuis qui
ne nous avaient pas lâchés depuis que le *Benvenuto
Cellini*, parti de Naples, avait jeté l'ancre dans le
port de La Havane.

Cette année-là, cherchant asile en Amérique,
nous avions retenu la terre de José Martí. L'hiver
précédent, à Paris, un ami cubain de la Cité

universitaire nous avait peint son île comme
« une dure carte de sucre et d'oubli ». Cuba,
nous disait-il, depuis un demi-siècle, tourne le
dos à son identité et continue cependant à
enfanter des héros. Nous donnerions à notre
espoir des voiles cubaines.

Au débarqué, à La Havane, la police d'un
tyran nous accueillit. Le lendemain, dans les
journaux, à la radio, nos noms étaient tapageuse-
ment associés à « une épidémie internationale
qui mettait en danger les jours du caïman vert ».
Évelyn et moi, couple qui faisait plus penser à la
tendresse qu'à la guerre froide, nous étions, sans
le savoir, porteurs d'une espèce moderne de
peste ; et il n'y avait pas de place pour nous dans
une République où l'or, la mitraillette, le meurtre
légal, la prévarication, étaient tombés d'un
même ventre fécond et blanc.

L'un des officiers de la sûreté cubaine qui nous
interrogeait avait, à un moment donné, prit
Évelyn à part pour lui demander comment « une
beauté immaculée, cultivée et raffinée comme
elle, avait pu arriver à Cuba au bras d'un mulâtre insolent, rouge et haïtien par-dessus le marché ». En guise de réponse, le flic avait reçu une
gifle, et, quelques instants après, la secrétaire
du Directeur Général de l'Immigration tapait fié-
vreusement l'arrêté qui nous expulsait du pays
pour « violation flagrante de l'Ordre militaire
nº 155, de 1902, et de son Règlement en relation
avec les Décrets Présidentiels nº 1644, de 1926,
et nº 937, de 1939 ». Deux jours plus tard, en
fin d'après-midi, nous parvenait à Tiscornia, où
nous avions été conduits, le document suivant :

RÉPUBLIQUE DE CUBA
MINISTÈRE DE L'INTÉRIEUR
Direction Générale de l'Immigration

ARRÊTÉ

ATTENDU QUE : *le 26 octobre dernier ont été
conduits au Campamento de Tiscornia de ce Départe-
ment, les sieurs Jean-Paul et Evelyn Eginhard, citoyens
haïtiens, majeurs, mariés, arrivés à ce port, à cette date, à
bord du vapeur* Benvenuto Cellini, *en provenance de
Naples, munis de visas consulaires cubains, mais démunis
de billets de retour, et formant en plus de cela un couple
mixte : en effet, le* señor *Eginhard est mulâtre et la*
señora *une femme blanche du meilleur type caucasien,*

ATTENDU QUE : *lesdits passagers ne remplissent
pas les conditions requises pour débarquer et séjourner
dans cette République, il est décidé de les interner au*
Campamento de Tiscornia, *en qualité de* deposito [1], *au compte de la compagnie consignataire à Cuba
du vapeur qui les a amenés dans ce pays,*

ATTENDU QUE : *la compagnie consignataire à
Cuba du vapeur* Benvenuto Cellini *devra réembarquer
ledit* deposito *et subvenir à ses frais de séjour et de
retour au port d'où il provient, conformément aux lois en
vigueur dans ce Pays : Ordre Militaire nº 155, de 1902,
et de son Règlement en relation avec les Décrets
Présidentiels nº 1644, de 1926, et 937, de 1939.*

En foi de quoi : *dans l'exercice des Pouvoirs dont je
suis investi,*

1. Dépôt.

DÉCIDE

PRIMO : *l'internement au Campamento de Tiscornia des* señores *Jean-Paul et* Evelyn Eginhard, *citoyens haïtiens, en qualité de* deposito, *au compte de la compagnie consignataire à Cuba du vapeur* Benvenuto Cellini, *qui a conduit dans cette République ce couple subversif : mulâtre haïtien marié à une beauté blanche, française, de parents d'origine hongroise de Transylvanie, sans avoir pris en considération qu'ils ne réunissaient pas les conditions qu'exigent les lois en vigueur touchant l'Immigration à Cuba,*

DÉCIDE

SECUNDO : *le réembarquement de ce* deposito *illégal et immoral vers le port européen d'où il provient, ou vers le pays nègre de sa nationalité, la compagnie devant payer les dépenses occasionnées par son séjour à Cuba, et les frais de son retour, selon les dispositions déjà citées.*

A communiquer aux intéressés, à la Casa Consignataria *du vapeur* Benvenuto Cellini *dans cette Capitale, pour leur connaissance, à toutes fins utiles, et de même au Ministre d'Etat.*

La Havane, le 28 octobre 1952.
Dr Ignacio Hermido Antorcas
Director General de Immigraciòn
de la Republica de Cuba.

C'était la seule écriture que nous avions dans la cellule. Nos caisses de livres et nos bagages avaient été confisqués. On nous avait laissé juste une trousse de toilette et un peu de linge propre. Je connaissais par cœur ces *attendus* sur lesquels les autorités cubaines avaient fondé leur décret d'expulsion. Maintenant que j'étais séparé de mon Evelyn, pour tuer le temps de Tiscornia, je me livrais sur la *resolucion* à un petit effort d'analyse linguistique. Je cherchai sous sa froide innocence juridique la fonction symbolique qu'il remplissait dans ce pays qui nous mettait à la porte.

Ces *attendus* nous donnaient une fraîche représentation de nous-mêmes et du couple que nous formions aux yeux de certains de nos semblables de ce temps-là. En effet, à l'extrême-occident de ce texte officiel, la Cuba des années 50 révélait la névrose où barbotait son histoire. Le mot *deposito,* par exemple, était à cette île célèbre ce qu'un lapsus est à une personne. Je m'amusai à le déchiffrer dans ses rapports avec un couple mixte. Je rêvai sur les avatars sémantiques du vocable, en ramenant successivement dans ma mémoire ses diverses acceptions ; et j'insérai ensuite Evelyn et moi dans chacune des définitions comme dans autant de petites cases de mots croisés où se mourait de froid notre fragile identité.

J'en étais là de mes méditations quand j'entendis des tours de clé à la porte du pavillon. Etait-ce le caporal Alonso qui rappliquait ? Oui, c'était bien la voix traînante de notre geôlier :

— Ne vous en faites pas, *señora,* les choses ne

vont pas tarder à s'arranger. Peut-être demain même, au petit jour, votre mari sera ici. Vous avez pensé à lui envoyer un télégramme, n'est-ce pas ? Alors à quoi bon pleurer. Demain à pareille heure, ce sera la lune de miel à Santiago de Cuba. Les plages de notre Oriente sont douces aux jeunes mariés, vous savez ?

Le caporal Alonso, sur un ton lyrique, s'adressait à une jeune femme inconsolable. Ce ne pouvait être Evelyn.

— Ne vous plaignez pas. On vous met dans le secteur des internés politiques. Le pavillon d'en face est réservé aux délinquants de droit commun. En ce moment, nous avons sur les bras des marins qui étaient trop ivres, le soir du départ, pour remonter la passerelle de leur cargo. On a aussi des escrocs et des écumeurs de casinos, des *marihuaneros*[1] fameux qui étaient les principaux fournisseurs de l'ex-président Carlos Prío Socarras. Après le coup d'Etat du général Batista, en mars dernier, ils se sont fait écrouer, car le nouveau président fait peau neuve sur tous les terrains. Dans ce pavillon-ci, vous avez comme voisins seulement un couple : l'homme est mulâtre et sa femme est aussi blanche de peau que vous, et je dois dire aussi décente et belle. Mais dans notre République le couple mixte n'a pas sa place ; c'est pourquoi on le renvoie d'où il vient. Bonne nuit, *señora*, comment c'est encore votre nom ?

— Soledad Cortès García.
— Bonne nuit, *señora* Soledad.
— Bonne nuit, *señor*.

------

1. Fumeurs de marijuana.

2

J'essayai de me lever sans faire de bruit. Mais au moindre mouvement le lit sans sommier grinçait. Je restai encore un moment allongé. Je pensai, avec mon incurable méfiance, qu'on profitait de la maladie de ma femme pour mettre un mouton à mes côtés. Vieille technique des polices. Le caporal Alonso a monté son show à la porte du pavillon pour rassurer le détenu. D'où le folklore qu'il a déballé : jeune mariée, lune de miel, plage orientale, et le reste ! On pouvait s'attendre à tout de ces salopards. Je ne donnerai pas des roses à manger à leur mouton en robe de noces. Je me levai énergiquement du lit. Je sortis dans le couloir central du pavillon. Soledad Cortès García était assise dans l'étroit vestibule qui précédait les deux rangées de cellules. Elle se balançait sagement sur le rocking-chair, comme si elle prenait le frais, un lent soir d'été, dans la maison où elle était née.

— *Buenas noches, señora.*
— *Buenas noches, señor.*

Elle baissa aussitôt la tête. Deux grandes valises avec des étiquettes multicolores étaient posées à ses côtés. Je remarquai aussi un sac de cabine du genre de ceux que les lignes aériennes offrent d'habitude aux passagers. Le mot IBERIA, lettres noires sur fond bleu, se détachait nettement. La jeune femme était en tailleur noir, chemisier blanc, boucles d'oreilles, foulard de

soie autour de la tête. Elle avait le visage ovale,
les yeux en amande, les mains finement soignées.
Elle avait la bouche volontaire, bien dessinée
pour les moues du dédain, du plaisir ou du
désarroi.

— Je me présente : Jean-Paul Eginhard.

— Soledad Cortès García.

Elle me tendit la main en faisant le geste de se
lever.

— Ne vous dérangez pas, je vous en prie.
Enchanté de vous connaître. Espagnole, n'est-ce
pas ?

— *Si señor,* espagnole d'Andalousie.

— Comme Lorca, dis-je, histoire de mettre
d'emblée la conversation sur un terrain où je
pourrais tenir les collines.

— Federico García Lorca, notre grand poète,
si. Le village d'où je viens est à quelques
kilomètres de Fuentevaqueros, le pays natal des
García Lorca. Vous aimez les œuvres de´ don
Federico ?

— Enormément. J'ai vu à Paris ses pièces,
juste après la guerre.

— Lesquelles ?

— *La maison de Bernarda Alba, Yerma, La save-
tière prodigieuse...*

— *Noces de sang* aussi ?

— Egalement. Laquelle préférez-vous,
madame ?

Elle hésita un instant, comme si elle flairait un
piège galant dans ma question.

— *Noces de sang,* dit-elle en rougissant jusqu'aux oreilles.

— Et pourquoi ?

— Oh, à vrai dire, j'aime tout le théâtre de Lorca. C'est bien de chez nous. Dans *Noces de sang*, la mort et l'amour vont du même pas !

— Les couples sont poussés par un vent de fatalité, n'est-ce pas ?

— C'est souvent ainsi en Andalousie.

— Vous permettez que je m'asseye un moment ?

— *Por favor, señor, accomodese usted.*

Je pris place sur l'autre rocking-chair en face d'elle. Soledad avait les jambes nettes, vivantes, longuement moulées et qui avaient l'air de me tendre une embuscade. Les hommes du service secret cubain s'étaient décidément mis en grand frais. Etions-nous, Evelyn et moi, un si gros gibier dans le safari de la guerre froide ? Mais à mesure que Soledad parlait et que je l'observais, mon hypothèse s'évaporait à son soleil d'Espagne. Il y avait dans son maintien, ses propos, sa timidité, un naturel qu'elle eût été incapable de feindre. De même, la déconvenue qui dilatait ses yeux gris-vert n'était pas de la comédie. Je restais cependant sur mes gardes. On n'envoie pas à un jeune professeur d'Université une petite employée de bureau qui a deux doigts de front. On lui jette dans le sang une jeune femme séduisante, capable de soutenir une conversation tant soit peu littéraire, et prompte à peser chaque mot. Du front bien dégagé de Soledad Cortès García les mots jaillissaient librement, hésitant sur sa langue pointue et contre ses dents immaculées, juste le temps pour leur sens d'emporter la saveur de la bouche qu'elle avait adorablement fruitière. Tout ce que je savais de l'Espagne se mettait aux aguets dans ma tête comme si je demandais à don Quichotte, à Teresa de Jésus, Quevedo, et Manuel de Falla, Machado et Lope, Goya et don Federico, de m'aider à percer le mystère de leur fascinante compatriote, l'inconnue aux jambes *guerilleras* que le caporal Alonso, par ce soir d'octobre, avait glissée dans ma prison.

A écouter Soledad raconter sa vie, j'étais au bout de deux heures enclin volontiers à admettre qu'elle était ce que disait sa bouche et ce qu'elle avait fait de ses jours et de ses nuits avant d'être assise en face de moi à Tiscornia. Soledad, à ma confusion, était les mots frais de sa langue et de ses dents. J'eus néanmoins du mal à rembarrer mon vieil instinct de vigilance. Il remontait loin derrière moi. Au fond, ce soir-là, j'eusse préféré, pour des raisons qui me cuisaient le ventre, que Soledad fût un redoutable adversaire avec qui me battre au couteau. A l'écouter, j'étais presque désespéré de m'avouer qu'elle n'était pas ce que le S.I.M.[1] avait de meilleur dans son troupeau d'agents secrets pour essayer de me cuisiner à chaud, après m'avoir fabriqué à l'image dévoyée que les polices se font de tout être humain qui défend courageusement son identité d'homme. Je ne me résignais pas à ce que Soledad se découvrît à mes yeux, sans masque, dans la fraîcheur et l'émotion de son passé espagnol, si sincèrement, si passionnément Soledad Cortès García.

---

1. ˙ Service de renseignements militaires.

3

Elle était née en 1930 dans une famille de vieille souche andalouse. Les Cortès García, avant la guerre civile, habitaient la plus belle maison de Villanueva de Mesías, sur le fleuve Genil. Soledad était l'unique fille et avait deux frères plus âgés qu'elle. La mère était morte en couches quand Soledad avait trois ans, et elle avait été confiée à sa grand-mère. Doña Margarita, veuve d'un magistrat aux idées libérales, avait un port d'impératrice romaine. Dans sa jeunesse, à la fin du siècle dernier, elle avait voyagé à travers l'Europe et l'Amérique, et, comme les gens cultivés de sa génération, elle s'était posé des questions sur le déclin de l'empire espagnol. Elle avait eu trois fortes passions dans la vie : l'Espagne méridionale de l'an 800 à 1000, les corridas, les plantes de son jardin. De ces trois fureurs, seul le jardin avait encore une réalité tangible à l'époque où Soledad était enfant. L'Espagne arabe de doña Margarita n'était plus qu'un sortilège de la mémoire : elle n'évoquait plus avec nostalgie la sagesse et la beauté du royaume de Cordoue qui avait eu soixante-dix bibliothèques avec un demi-million de livres en toutes langues, six cents mosquées, neuf cents bains publics et un système d'irrigation qui avait fait de l'Andalousie le paradis de la Méditerranée. Quant à la corrida, la dernière fois que doña Margarita y avait assisté remontait au séjour qu'elle avait fait à Séville, des années avant la naissance de Soledad, sous la dictature de Primo de Rivera.

Cependant, dans les années 30, une nouvelle passion était née chez doña Margarita et avait remplacé les deux autres. Elle était célèbre dans la famille et Soledad s'en souvenait avec une tendresse particulière : c'était la prétendue parenté de doña Margarita Melendez, veuve García, avec les García Lorca, du village voisin de Fuentevaqueros. Cette légende avait bercé la petite enfance de Soledad jusqu'au jour, après la disparition du poète et de doña Margarita, où elle découvrit que le patronyme de l'illustre « Rossignol andalou » était l'un des plus répandus non seulement dans la province de Grenada mais dans toute l'Espagne. Soledad n'en voulait pas à sa grand-mère d'avoir créé ce mythe, car ce fut grâce à lui qu'à la fin de son adolescence, alors que le nom et l'œuvre de Lorca étaient jetés dans la clandestinité, elle put lire dans la bibliothèque héritée de la vieille les livres du « légendaire cousin de Fuentevaqueros » précieusement reliés plein cuir dans leur édition originale.

Avant sa quinzième année, aux prises avec les dures réalités de l'après-guerre civile, Soledad s'était obstinément fermée aux espagnolades : la lune, les couteaux, les gitans, les jets d'eau, les flamencos, le zapateado, gisaient dans la même fosse, foudroyés au pied d'un géant à cornes qui portait l'uniforme de la garde civile. De l'Andalousie de sa grand-mère, elle n'avait retenu qu'une certaine lumière que, des années après,

quand elle dut se débattre avec les jours gris de
Madrid, elle avait retrouvée, tendre et rafraîchis-
sante, à évoquer le châle imposant de doña
Margarita, les pierres de sa maison aux fenêtres
grillagées et les profonds après-midi où, à cause
des horreurs du conflit qui ravageait l'Europe, le
silence et le soleil ne faisaient qu'un avec les
orangers et les rossignols qui se taisaient dans le
jardin. A dix-sept ans, alors qu'elle terminait le
lycée à Madrid, cette lumière inséparable des
muettes collines d'autrefois s'était fondue dans
ses yeux avec l'éclat que les poèmes et le théâtre
de Lorca projetaient secrètement sur la chair de
sa solitude.

Elle avait fréquenté l'école primaire de Villanueva de Mesías, et chaque année, pour les
vacances de l'été, elle retrouvait ses frères aînés,
dans une vallée autour de Moraleda de
Zafayona, sur la rive gauche du Genil, où leur
père possédait des hectares d'oliveraies et de
vignobles. Le souvenir le plus vif qu'elle gardait
de ces étés était ses cavalcades sur un poney
auburn que son parrain, un éleveur de la région,
lui avait donné le jour où il l'avait emmenée à la
foire de Pinos-Puente. Elle le montait à cru et elle
n'avait pas peur quand sa monture sautait d'un
bond un fossé ou une flaque d'eau sur un chemin.
Des avions de combat passaient haut dans le ciel
clair, et, le soir, son père commentait avec les
propriétaires et les fermiers voisins les nouvelles
des divers fronts, et les visages des adultes
s'allongeaient et se durcissaient étrangement.
Mais, pour Soledad, l'Espagne de son cœur,
c'était ce poney qui avait bon pied bon œil, et le

mot *rouge* qui revenait si souvent dans la conversation des grandes personnes, toujours associé à
des images atroces, était seulement la robe du
petit cheval des grandes vacances qui courait
avec son enfance nue dans les prés d'où l'on
découvrait au loin, couronnés de neige, les
contreforts de la Sierra Nevada.

Elle s'était retrouvée plus tard, à Madrid, chez
une sœur de son père. Elle vivait alors dans un
pays exsangue, isolé, silencieux à la porte ibéri-
que de l'Europe, et qui cherchait avec astuce une
place où se chauffer au soleil de l'immédiat
après-guerre. Doña Margarita n'avait pas sur-
vécu longtemps à la défaite de la révolution.
Dans la famille, elle avait été la seule à engager à
fond sa foi et son espérance aux côtés des forces
républicaines.

Dès l'automne 1936, la photo de la Pasionaria
était apparue dans le salon, au-dessus des cana-
pés et des fauteuils anciens, dans la pâleur des
rideaux de peluche cramoisie. Doña Margarita
l'avait installée à la place d'une tapisserie qui
célébrait d'animalières allégories d'une Espagne
révolue. Elle avait énergiquement refusé de
décrocher du mur son idole, même quand des
cavaliers maures, aux ordres du colonel Casajos,
qui tenaient garnison dans la vallée du Genil,
avaient parlé de faire une descente au numéro 18
de la rue Calderón de la Barca. Doña Margarita
avait alors, à la hâte, tiré de la poussière du
grenier un vieux fusil de chasse de feu don
Miguel García Bobadilla et, après l'avoir fébrilement graissé, l'avait jour et nuit gardé à portée
de la main, avec deux grandes boîtes de car-

touches. Elle répétait dans la famille, et même pour les murs du village, que si la « canaille cléricale » de Queipo de Llano osait pousser sa grille, elle serait reçue sous une pluie de chevrotines. Elle avait même appris à Soledad, qui avait alors huit ans, à manier l'arme, car elle voulait que, si elle tombait, sa petite-fille continuât à résister jusqu'au bout à ce qu'elle appelait « la plus grande épidémie de peste de l'histoire espagnole ».

Après l'assassinat de Federico García Lorca, doña Margarita radicalisa encore plus ses opinions. De l'aube au soir, elle parcourait la maison, saisie d'une rage étonnante chez une dame de son âge et de sa culture. Elle lançait des anathèmes à la tête des phalangistes qu'elle avait baptisés de « sales petits califes en kaki ». Des larmes couraient dans ses rides quand elle répétait désolée : « Ma petite Soledad, on a égorgé mon neveu Federico. Les rossignols du jardin vont se taire durant les mille ans à venir. Les bêches et les socs des charrues vont se muer en épées et en canons. La vie désormais sera une longue agonie pour les œillets et les jets d'eau, les flamencos et les orangers d'Andalousie. Ma pauvre petite Soledad, sans ton cousin de Fuentevaqueros, sans ton poney roux, sans les lampes allumées de l'Espagne, que vas-tu devenir ? C'est un horrible califat qui a débarqué à Cadix, tu sais ? » Et doña Margarita, l'air halluciné, touchait le bois du vieux fusil de chasse et serrait Soledad sur les sanglots qui montaient sous son châle de cachemire grenat.

Un soir de février 1939, alors que la République rendait le dernier souffle sur les barricades de Madrid, le père de Soledad était venu la chercher en voiture pour l'emmener vivre à la campagne, car le bruit persistait dans le village que les « miliciens volontaires » du marquis de Villapesadillas étaient décidés, si les légionnaires maures ne faisaient pas leur devoir à Villanueva de Mesías, à traverser le Genil pour « faire taire à jamais la vieille tante du sinistre troubadour de Fuentevaqueros ». Soledad avait été témoin d'une scène violente entre son père et doña Margarita, au cours de laquelle sa grand-mère avait été traitée de « vieille charpie rouge, honte et abomination de la famille ». Son père, alors qu'il l'entraînait hors de la maison, avait crié du jardin :

— Vos jours sont désormais comptés comme ceux de la putain de République ! Vieille garce, c'est vrai ce qu'on disait dans la famille : vous avez cocufié don Miguel avec l'autre Miguel, l'anarchiste Unamuno ! Je comprends aujourd'hui vos allées et venues à Salamanque ! Votre époux est mort sans savoir que c'était sous le poids accablant de ses cornes !

Doña Margarita n'avait rien dit, car ce soir-là son sang rebelle n'avait de faveur que pour sa petite Soledad qu'un monsieur écumant lui enlevait pour toujours. En effet, elle ne devait plus revoir sa grand-mère après leur brutale séparation de février 39. On lui cacha jusqu'à sa quatorzième année, alors qu'elle vivait à Madrid chez tante Inès, les circonstances exactes de la mort de doña Margarita Melendez, veuve García. Elle apprit, ce jour-là, d'une amie d'enfance de sa grand-mère, venue exprès à Madrid pour la voir, que doña Margarita était tombée héroïquement un après-midi de l'automne 39. Après le départ de Soledad de la maison et la victoire des phalangistes, le même mois, l'imprudence de doña Margarita avait dépassé toutes les bornes. Elle ne s'était plus contentée d'insulter la mère de Queipo, du colonel Casajos, du petit marquis de Villapesadilla et des autres chefs insurgés qui depuis juillet 1936 répandaient la terreur dans les capitales et les villages dissidents de l'Andalousie. Elle appelait ouvertement les gens à la rébellion. A la fin d'octobre 39, elle essaya même d'organiser une commission d'enquête pour découvrir les responsables du massacre de Lora del Rio. Elle disait tenir d'une source proche de Queipo à Séville que « les troupes coloniales avaient encerclé et brûlé vifs dans un bois d'eucalyptus des milliers de paysans insoumis ». La rumeur publique avait exagéré les possibilités d'action de doña Margarita : elle avait répandu que la veuve de don Miguel García Bobadilla était sur le point d'ouvrir un foyer de guérilla dans la proche sierra Harana.

Alors, un après-midi, un détachement de légionnaires maures et de « miliciens volontaires » encercla la maison et somma doña Margarita de se rendre. Elle accueillit ses assaillants avec une décharge de chevrotines qui fit un mort et plusieurs blessés. Elle n'arrêta pas de tirer et, une fois ses munitions épuisées, elle mit le feu à la maison et disparut dans les flammes. Un officier qui participa à l'opération raconta plus tard que la vieille dame, à mesure qu'elle faisait le coup de feu, se montrait de temps en temps à une fenêtre et accablait d'injures les militaires. Selon le témoin, les invectives de doña Margarita avaient été si sataniques qu'il semblait que même les arbres de la rue Calderón avaient pâli, comme frappés par un automne foudroyant.

Bien avant cette fin romantique, doña Margarita, au printemps 39, avait eu soin de confier à une de ses amies des caisses de livres, afin qu'elle les remît plus tard, quand les temps le permettraient, à sa petite Soledad pour « aider son espérance et sa tendresse à traverser le désert qui commençait pour la vie en Espagne ».

Après la mort de doña Margarita, sa réputation de « douairière rouge » avait eu des retombées funestes sur le reste de la famille. Bien que le père de Soledad fût, dès le débarquement des troupes à Cadix, favorable à la sédition, après la victoire franquiste, des hommes du nouveau régime avec qui il avait eu dans le passé des démêlés d'argent s'étaient servis de l'histoire de doña Margarita pour lui créer de graves ennuis. On commença par mettre le feu à ses oliveraies et par empoisonner ses bêtes. On lui adressa ensuite des lettres anonymes où l'on faisait perfidemment état de sa parenté avec « la vieille sorcière de Villanueva de Mesías, apparentée au García qui avait diffamé la garde civile dans ses œuvres obscènes ».

Don Francisco Cortès Montero, vieilli, ulcéré, las de crier son adhésion au nouveau régime, vendit un jour ses cultures, son bétail et ses terres, mit Soledad et ses deux fils dans un train et débarqua à Madrid chez sa sœur Inès. Don Francisco mourut l'hiver suivant d'une attaque de pneumonie. Le matin de l'enterrement, alors que Soledad revenait à la maison sous une petite pluie glaciale, elle eut le sentiment que le prénom qu'elle portait la prédestinait à des jours encore plus affreux que ceux qu'elle avait déjà connus.

Elle ne tarda pas à prendre en mépris tante Inès, qui avait des idées qui s'étrécissaient chaque jour davantage à mesure que l'Etat autoritaire s'appliquait à remodeler l'Espagne. Entre seize et vingt ans, la vie de Soledad devint le désert que doña Margarita avait prédit. Pour s'en consoler, elle se gavait de classiques, s'enfermait à double tour avec Lorca et d'autres auteurs qu'elle aimait. Elle voyait rarement ses frères qui, très différents d'elle, lui étaient devenus complètement étrangers, depuis qu'elle les avait entendus, un soir, maudire le souvenir de leur grand-mère maternelle. Elle avait deux ou trois amies de collège, mais elle les évitait le plus souvent possible, car leur conversation était un sable que le moindre vent mondain de Madrid faisait tourbillonner.

Elle aurait voulu tomber amoureuse, mais les jeunes gens que tante Inès l'autorisait à fréquenter étaient des *señoritos* guindés et prudents qui lui fixaient solennellement des rendez-vous sur le parvis de l'église San Francisco El Grande, après la grand-messe du dimanche. Ces petits *caballeros* ne cachaient pas qu'ils tenaient aussi bien Cervantès que Góngora pour les ancêtres directs de « ceux qui avaient failli changer l'Espagne des Rois Catholiques en un pâle soviet ouzbek ».

Soledad s'était alors repliée sur des orgies de lectures et sur le souvenir de la *domina* qui avait modelé la secrète Andalousie de son esprit et de sa chair. Dans la maison de la rue Serrano, les gens disaient que, belle comme elle avait poussé, elle n'allait sans doute pas tarder à trouver un parti digne d'elle parmi les fils des puissants du jour. A entendre de tels propos, son sang lui cuisait soudain le corps et elle se précipitait dans sa chambre pour éviter un scandale.

Elle aurait voulu travailler pour se rendre indépendante, mais tante Inès soutenait que jamais elle ne laisserait la fille de don Francisco Cortès Montero se commettre dans un bureau ou dans un grand magasin avec le tout-venant plébéien de Madrid. En 1949, elle s'était inscrite à l'Université, mais, dès le premier cours qu'elle suivit à la faculté de philosophie, elle recula de dégoût à entendre l'homme qui tenait cette chaire jeter avec mépris dans la poubelle don Marcelino Menéndez y Pelayo, Unamuno, Giner de Los Rios, Ganivet, Valle Inclán, Azorín, Baroja, Antonio Machado et « autres aventuriers dont la pensée libertaire avait fourni bois, fer et poudre aux barricades de Madrid » ! Après des paroles de ce goût-là, Soledad était rentrée chez elle, blême de honte et de colère, et elle avait pleuré sur l'Espagne, sur sa génération menacée de « phalangisation », sur ses livres bannis, et aussi sur les seins que le miroir lui renvoyait : trop hautement et décidément lyriques pour les temps bas qu'on vivait !

Elle s'était alors sentie vaguement existentialiste, sans savoir exactement ce que ce courant à

la mode recouvrait. C'était un malheur d'avoir
vingt ans en Espagne. Du matin au soir, elle
traînait sa radicale impuissance comme un vieux
caniche derrière elle, sans pouvoir se détendre,
sans le courage de jeter par la fenêtre les meubles
et les banalités de tante Inès, sans aucune
possibilité de changer de naissance ou de milieu,
ou encore de s'enraciner dans un mariage selon
son cœur et ses goûts. Dans ses relations, il n'y
avait strictement personne pour éclairer sa
révolte. Elle était incapable de diriger sa violence
sur ceux qui l'avaient mise dans sa peau. Elle se
contentait de rougir sans fin d'une guerre froide
qui tournait en rond dans ses ovaires mêmes !

Ce fut à cette époque d'asthénie, à l'automne
50, qu'elle entendit tante Inès parler d'une
parente qui vivait depuis longtemps à Santiago
de Cuba, où elle avait épousé un riche négociant.
Soledad se souvint que sa grand-mère lui avait
souvent évoqué le séjour qu'elle avait fait à Cuba
vers 1912. Ces évocations s'étaient mêlées dans
sa mémoire à un poème de Lorca intitulé *J'irai à
Santiago*. Cela fut suffisant pour éveiller en elle
l'envie de chercher dans cette ville lointaine un
exil plus supportable que celui qui l'accablait
dans son propre pays. Elle écrivit à la cousine de
Cuba. Après l'échange de quelques lettres insi-
gnifiantes, doña Hortensia García Sanchez lui
communiqua avec chaleur qu'elle connaissait un
architecte de la ville qui aimerait établir une
correspondance avec une jeune fille d'Espagne
Elle sauta sur l'offre sans arrière-pensée, rien que
pour donner de l'espace marin à ses angoisses.

C'est ainsi que tout au long de l'année 51

naquit son amitié épistolaire avec don Octavio
Alvarez Comermas. Elle découvrit chez son
correspondant de Santiago la fraîcheur d'esprit,
la vivacité, le mélange d'ironie et de tendresse
qui faisaient tant défaut chez ses compagnons
madrilènes de ces années-là. Sa température de
femme se mit à monter à chaque lettre, et elle
sentait une sorte de vide se creuser en elle quand,
pour une raison ou une autre, Octavio restait
deux semaines sans donner signe de vie. Elle
voulut avoir une photo de lui, et elle envoya la
sienne avant qu'il l'eût sollicitée. Elle lui trouva
un visage sympathique, des yeux malicieusement
rieurs, un front intelligent. Elle oublia vite qu'il
avait une coupe de moustache et de cheveu qui
ne répondait pas à l'idée qu'elle s'était faite d'un
architecte du continent américain. Sa photo à
elle impressionna vivement le jeune homme car,
aussitôt après l'avoir reçue, il lui écrivit sur un
ton qu'elle interpréta comme le prélude à une
déclaration d'amour. Elle n'avait pas eu tort de
l'entendre ainsi : la lettre suivante d'Octavio
contenait une proposition de mariage. Elle
accepta par retour de courrier. Sa tante ne
souleva aucune objection, car, mise au courant
de leur correspondance par Hortensia, elle avait
appris avec soulagement que l'architecte en
question appartenait à « la meilleure société de
Santiago à Cuba » et était même « apparenté
d'assez près au fameux rhum Baccardi ».

Il y avait plusieurs mois qu'Octavio et elle
s'étaient mariés par procuration. Ils étaient
convenus initialement qu'Octavio viendrait à
Madrid à la fin de l'hiver 51 pour connaître la

famille de sa promise et célébrer leurs noces en
Espagne. Mais, entre-temps, le fiancé s'était
cassé une jambe dans un chantier, et, pour ne pas
remettre leur union à plus tard, ils s'étaient
arrêtés à la formule la plus pratique. Un matin
de mars, en signant un papier chez un notaire de
la rue San Bernardo, elle avait légalement
changé de condition : elle était devenue Soledad
Cortès Alvarez, et le García, arbre chargé de
fruits et d'oiseaux taciturnes de Grenade, avait
sans bruit basculé dans la mythologie de son
enfance.

Son époux lui avait retenu une place à bord
d'un vol d'Iberia. Il devait l'attendre à l'aéroport
de La Havane. Malgré le télégramme qu'elle
avait envoyé la veille de son départ de Madrid, à
son arrivée à Cuba personne n'était là pour la
recevoir. Les choses s'était compliquées quand le
fonctionnaire de l'immigration lui avait dit que,
selon la loi en vigueur, elle devait être munie de
son billet de retour. Elle n'en avait pas. Elle avait
allégué qu'étant mariée à un Cubain, elle avait
d'emblée la nationalité de son époux. Pourquoi
alors, portait-elle un passeport espagnol et voya-
geait-elle sous son nom de jeune fille ? Etait-elle
Soledad Cortès Alvarez ou García ? La loi ignorait la double identité. Dans la confusion qui
s'était créée, les autorités avaient décidé de
l'interner à Tiscornia, en attendant que son
mari apportât à La Havane leur acte de mariage.
Elle avait envoyé un télégramme à Santiago où
elle expliquait la situation. Telle était son histoire. Voilà pourquoi, à onze heures du soir, au
lieu de sa nuit de noces, elle était en train de ra-

conter sa vie à un inconnu, enfermé comme elle...

— Avouez, *señor*, que la vie est fantastique !

— Plus fantastique qu'on ne saura jamais l'imaginer, *señora*, dis-je.

4

Une heure plus tard, nous étions encore assis à la même place à bavarder paisiblement comme si nous étions des copains de toute la vie. Elle avait, à son tour, écouté ma propre histoire. Nous avions ri en découvrant que nous étions, l'un et l'autre, de l'espèce d'êtres qui supportent mal l'exil dans leur peau ou dans le pays où ils étaient nés.

Je lui parlai d'Evelyn : notre rencontre à Paris, à la Sorbonne, un matin où il faisait un froid de canard et où les journaux, pour la plupart, étaient imprimés sur du papier d'infamie. Dès ce jour-là, Evelyn Abrams avait fourni du pain frais et du feu à ma vie. Nous ne nous étions plus quittés. Les courbes de son corps avaient tracé ma route et donné de la sécurité à mes pas d'exilé. J'étais fier d'Evelyn parce qu'elle ne s'empêtrait pas de sa beauté. Elle pouvait oublier sa personne, ses valeurs, ses secrètes scories, ses petites particularités, pour poser sur la vie des regards limpides et confiants. Elle était digne d'Evelyn Abrams. Elle pouvait être une petite fille qui a des larmes aux yeux rien qu'à regarder un matin la pluie ou la neige tomber, comme elle était capable de gifler quelqu'un qui avait osé profaner notre amour. Telle était la femme que j'aimais. Soledad me dit que j'avais beaucoup de chance et que je devais toucher du bois pour qu'elle durât longtemps...

A minuit, sans crier gare, on avait de l'extérieur éteint les lumières du pavillon, selon un rite du curieux régime pénitencier de Tiscornia. On s'était trouvés un moment dans une complète obscurité. Puis, peu à peu, grâce aux grosses ampoules qui éclairaient les allées du camp, une agréable pénombre nous avait entourés.

— Il est tard, avais-je dit. Vous devez être fatiguée.

— Au début de la soirée, j'étais lasse et déprimée, dit-elle. Maintenant je me sens fort bien.

— Choisissez la cellule que vous voulez. Evelyn et moi nous logeons au bout du couloir. Vous pouvez vous installer dans une des cellules du milieu. C'est comme vous voudrez.

Elle se leva. Je pris ses valises, que je plaçai dans une cellule à plusieurs mètres du vestibule. Elle jeta un regard de dégoût sur le lit de camp et sur l'aspect rébarbatif de l'endroit.

— Il ne me reste qu'à vous souhaiter une bonne nuit, dis-je. Reposez-vous bien. Demain tout ira mieux.

— *Muchas gracias*. Dormez bien vous aussi.

Je regagnai ma cellule et je me jetai sur le lit sans me déshabiller. Je n'avais pas encore sommeil. Un instant après, j'entendis les pas de Soledad traverser le couloir en direction des toilettes. L'eau des douches coula un moment. Soledad repassa devant ma porte et plus aucun bruit ne troubla la paix du pavillon. Etendu sur le dos, les mains sous la nuque, je laissais mon imagination errer. Je me promis de raconter à Evelyn, le lendemain même, l'histoire de Soledad. Je pourrais peut-être obtenir de Sosa Blanco qu'il laisse la jeune fille m'accompagner à l'infirmerie afin de la présenter à ma femme. Cela lui fera du bien, si son séjour à Tiscornia devait se prolonger, de bavarder avec Evelyn.

Ensuite je dérivai dans les zones de l'avant-sommeil. J'étais dans la Sierra Nevada où se trouve le pic Mulhacén le plus haut de l'Espagne un petit cheval auburn galopait au pied de la montagne avec une enfance toute nue sur son dos tandis qu'un général lançait ses cavaliers maures aux trousses d'une vieille dame venue du fond de l'Espagne musulmane réclamer aux légionnaires le corps de son poète assassiné la veille dans sa Grenade et des flammes avaient encerclé doña Margarita sur les monts neigeux du sud de l'Espagne tandis que le recteur de l'université de Salamanque volait à son secours le même jour à la porte de la Sorbonne Evelyn multipliait ma soif de lumière tandis qu'on allait ensemble écouter un vieux monsieur nous parler du coup d'Etat dans un pays caraïbéen et le mot *deposito* levait une tête de serpent dans son discours et le corps d'Evelyn se couvrait de plaies alors que Soledad était un mouton qui broutait des roses mystiques dans un jardin qui était en fait ma propre vie où un haut-parleur criait que Soledad Cortès García avait les plus belles jambes et peut-être aussi le sexe le plus appétissant de la chrétienté...

— *Señor* Eginhard?

— *Señora?*

— Vous avez appelé?

— Non. Pourquoi? J'ai dû parler dans mon rêve. Vous ne dormiez pas?

— Le sommeil ne me vient pas. Je trouve ce pavillon sinistre.

Je me levai et me dirigeai vers sa cellule. Je frappai.

— *Por favor*, entrez.

Elle était encore habillée. Elle me fit au bord du lit une place où je m'assis. On parla cette fois de la pluie et du mauvais temps dans le monde de 1952 finissant : c'était l'année de la guerre de Corée, du coup d'Etat de Batista à Cuba, du typhon qui, quelque part au sud-est de l'Asie, avait englouti plus de cinquante mille personnes et bien d'autres calamités naturelles ou politiques qui animalisaient le monde.

C'était aussi l'année du *Vieil homme et la mer*, d'Ernest Hemingway. Ce maître livre avait paru dans les premiers jours de septembre, chez Scribner, à New York. Un ami nous l'avait envoyé. Soledad en avait entendu parler à Madrid. Elle me demanda de le lui raconter : « Il était une fois un vieil homme, tout seul dans son bateau, qui pêchait au milieu du Gulf Stream. En quatre-vingt-quatre jours, il n'avait pas pris de poisson. » Le récit d'Hemingway commençait comme un conte de l'*Odyssée*. Je le narrai à Soledad le mieux que je pouvais. C'était l'histoire d'un vieil homme et d'un espadon

géant, plus grand que son bateau, qu'il parvint
cependant à ferrer et à vaincre. C'était une
nouvelle victoire d'Ulysse sur son enfance, sur
lui-même, sur l'exil et le sort, sur les illusions et
les colères d'Achille. Les épisodes du conte
étaient frais dans ma mémoire. Je pus les rappor-
ter fidèlement à Soledad. Je lui citai les derniers
mots du livre : « Dans la cabane, là-bas, tout en
haut, le vieux était endormi. Il gisait toujours sur
le ventre. Le gamin, assis à côté de lui, le
regardait dormir. Le vieux rêvait de lions. »

Je regardai à mon tour Soledad qui s'était
doucement assoupie. Je me levai avec précaution
pour partir sans la réveiller. Elle ouvrit les
yeux.

— C'est une histoire merveilleuse, dit-elle.
Vous avez raison : c'est un mythe odysséen
adapté à notre temps. Le monde fourmille de
requins prompts à disputer aux meilleurs parmi
les hommes des espadons qu'ils vont courageusement pêcher loin des côtes de la médiocrité.
Maintenant je vais pouvoir m'endormir, grâce à
vous.

— Grâce à Hemingway. Je vous souhaite de
rêver au lion qui viendra bientôt vous chercher
en avion.

— Avouez que ce n'est pas un lion empressé
de connaître sa lionne, dit-elle.

— Ne soyez pas pessimiste, dis-je. Reposez-
vous, petite fille. Je vous conseille de garder votre
manteau à la portée de la main : les fins de nuit
fraîchissent sous nos tropiques.

Je pris le manteau qui était posé sur l'une des
valises, et à l'instant où je me penchai sur

Soledad pour la border, sans qu'on l'eût fait exprès, nos mains se frôlèrent...

Je me revois en train de grouper fébrilement, à même le sol, plusieurs matelas pris dans les autres cellules, parce que sous notre joie qui montait et s'arrondissait le lit de fer menaçait de réveiller le *campamento*[1]. Soledad nue donna une flèche légendaire à mon sang. J'étais un cheval auburn qui, les yeux exorbités, galopait avec le soleil. Je portais à cru le désordre de ses mains et de ses cuisses écartées. J'étrennais un ventre fasciné à neuf sous mon ventre. Je descendais sans fin le fleuve Genil, dans une aube vierge que fructifiait rondement notre galop de chair et de lumière. Quand le matin se leva, tendre et frais, sur Tiscornia, Soledad était panifiée selon mon rythme d'homme : belle jeune fille dénouée, femme au plus vif de son sang !

Nos noces durèrent exactement trois jours. Notre mystère échappa à tout le monde. Au cours du cérémonial public de la prison, nous sommes restés séparés comme l'huile et l'eau. Une fois que le caporal Alonso eut refermé sur nous la grille, nous nous sommes retrouvés agglutinés à merveille.

Durant ces heures fascinantes, j'allais comme d'habitude, après le dîner, passer quelques minutes avec Evelyn à l'infirmerie. Sa poussée urticaire avait reculé. Elle plaignait la solitude et l'insomnie qui marquaient mes yeux depuis qu'elle n'était plus à mes côtés. Je me taisais, les mains d'Evelyn dans les miennes. Je rêvais

1. Camp militaire.

complaisamment qu'Evelyn et Soledad étaient la même femme qu'un don d'ubiquité propre à l'amour me faisait vivre aux confins glorieux du même orient de la chair et de l'esprit.

Le soleil ne se coucha pas en nous durant ces formidables trois jours. Nous allions de notre sang à l'eau fraîche et encore de l'eau fraîche à notre sang, le plus loin qu'on pouvait. Le chemin de Soledad montait droit vers l'est de Cuba. Le mien repartait vers l'ouest incertain du monde. Soledad allait vers un foyer et des racines. Je marchais avec Evelyn vers un nouvel exil. Soledad, ruisselante d'eau et de lyrisme fou, répétait pour nous la *Chanson du jour qui s'en va,* du poète de son enfance andalouse :

> *Comme il m'en coûte*
> *de te laisser partir, ô jour !*
> *Tu t'en vas plein de moi*
> *et reviens sans me connaître.*
>
> *Comme il m'en coûte*
> *de laisser sur ton sein*
> *les possibles réalités*
> *des réalités impossibles !*
>
> *D'orient en occident*
> *je porte ton feu rond*
> *ton grand feu que soutient*
> *mon âme en sa tension aiguë.*
>
> *D'orient en occident*
> *ah ! combien il m'en coûte*
> *de t'emporter avec tes oiseaux*
> *et avec tes bras de vent !*[1]

1. Federico García Lorca.

Au quatrième matin du temps qui nous ensor-
celait, l'époux pénétra en taxi à Tiscornia. Il
portait un complet de drill millionnaire, des
lunettes noires, une joyeuse cravate à la mode, et
il fumait un long cigare. Il venait réclamer sa
légitime épouse.

On s'embrassa désespérément. Nous étions
empêtrés soudain dans nos nerfs que l'adieu
dépareillait. Appuyé à une grille, je vis don
Octavio Alvarez Comermas courir en homme
libre vers la jeune femme et la prendre vivement
dans ses bras. Il était visiblement ému et ravi
devant les larmes que l'amour sans lendemain
faisait briller dans les yeux de ma Soledad !

La visite

J'étais rentré au pays depuis trois mois. La ferveur de ce retour m'avait permis d'adopter de nouvelles règles de vie. Je faisais chaque soir dix kilomètres de *jogging*. Je ne buvais ni ne fumais plus. Adriana était morte. Aucune femme ne pouvait combler le vide qu'elle avait laissé. Je trouvais une fragile consolation dans la beauté de la terre natale : un manguier en fleur, les voltiges d'un couple de colibris, les manèges des voiliers dans la baie de mon enfance. Cependant, mes proches se méfiaient de ma sagesse. Mon frère Didier, un épicurien à tous crins, n'arrêtait pas de la railler.

— Ton ascétisme, c'est du plomb. Il fondra au feu de Thérèse Mérisier. Attends un peu. Tété ne va plus tarder à revenir du Mexique.

C'était aussi l'opinion de mes sœurs et de ma mère : le jour où je reverrai Tété Mérisier, tout sera en flammes dans ma vie. Je l'avais connue petite fille. Elle s'asseyait à même la terre battue de notre jardin pour bercer ses poupées. Elle m'appelait oncle Dédé. Je la faisais sauter sur mes genoux. Je lui racontais les histoires des *loas* qui aident les gens à vivre mieux. Rien alors dans ses yeux, sa bouche, ses fesses, ne faisait dire : la fillette des Mérisier sera une beauté.

Des années plus tard, étant à Paris, j'ai eu de loin en loin de ses nouvelles. Un jour, une lettre de ma sœur Catherine m'avait appris que Tété avait été élue « miss Caraïbe » à un concours de charme qui avait eu lieu à Maracaibo, au Venezuela. Dans les rues de Port-au-Prince, Thérèse Mérisier coupait le souffle aux écoliers, aux étudiants, aux hommes de trente comme de soixante-dix ans. Même les coqs, les chiens, les chevaux, et certains arbres fruitiers comme les bananiers, bandaient au passage de Thérèse. Un après-midi, en rentrant à la maison, je notai un climat insolite autour de moi. J'allais tomber ma veste quand Didier s'écria :

— André, accroche ta ceinture de sécurité, Tété est là.

— Tété ! Tété ! voici André, firent mes sœurs.

Thérèse Mérisier apparut. Elle se jeta dans mes bras comme autrefois. La gamine était devenue un prodige de féminité. Je restai bouche bée. Où avais-je déjà vu Thérèse ? Dans un rêve lointain de l'adolescence ? Courant nue, un soir, sur une plage de Rio de Janeiro ? Un samedi après-midi, à La Havane, attendant un taxi, au coin des rues San Rafael et Galiano ? Didier, mes sœurs, ma mère, Tété elle-même, frémissaient dans l'attente de mes paroles d'admiration. J'étais incapable de sortir un mot. Je demandais pardon à Adriana.

— J'ai une bonne nouvelle à vous annoncer, dit Tété. Je me marie bientôt. Devinez avec qui ?

Mes sœurs lancèrent plusieurs noms de jeunes gens en vue. Tété hocha la tête à chaque fois.

— Donnez vos langues aux chats. J'épouse Guy Nerceval. Guy termine sa médecine à Mexico. Un garçon épatant, vous verrez.

Comment pouvions-nous en douter : non seulement la langue, les dents, les yeux et les lèvres de Thérèse Mérisier, mais aussi ses seins, faisaient passer les mots du plomb à l'or.

— Oncle André, reprit-elle, j'ai deux faveurs à te demander. D'abord tu seras le parrain de mes noces. Ensuite, en l'absence de Guy, tu m'aideras dans la corvée des visites d'invitation. Tu es libre dimanche prochain ?

Ce dimanche-là j'arrêtai à neuf heures ma Coccinelle orange devant la maison des Mérisier. A un coup discret d'avertisseur, Tété se montra. Elle m'invita à descendre. En blue-jean et chemisier à rayures bleues, elle était plus reine de beauté que jamais. Autour d'une tasse de café, elle me fit voir la liste de ses visites. Tout compte fait, elle avait retenu quelques parents et amis. Elle enverra des faire-part aux nombreuses relations et connaissances. Elle aurait voulu se marier en stricte intimité, devant un officier d'état civil et une paire de témoins. Guy, pour faire plaisir à ses parents, a accepté leur lubie d' « un grand mariage à la cathédrale, béni par l'archevêque de Port-au-Prince, en présence de centaines d'invités ».

La visite commença chez une tante de Thérèse. Elle vivait au Portail-Léogane. C'était une veuve du troisième âge, au nez curieusement

romain, à la parole facile et péremptoire. Elle se
fit répéter trois fois le nom du fiancé de Thérèse.

— Monsieur Ner-ce-val, dit-elle en me fixant,
le trésor qui va vous être confié...

— Tante Amélie, ce n'est pas Guy. André
Deuvrier est un vieil ami. Il a la gentillesse de
m'accompagner.

— Peu importe Guy ou André, ma petite
Thérèse, tu es un fabuleux trésor, un trésor,
comment dirais-je ? euphorique, non, que je suis
bête, je voulais dire eucharistique !

— Voyons, tante Amélie, dit Tété, confuse.

— N'interromps pas ta tante, ma chérie. Ce
matin, à la messe de quatre heures, au moment
de la consécration, je t'ai vue briller sous la forme
d'une merveilleuse rondelle de femme. Tu as
trouvé l'ostensoir d'homme qu'il faut à ton
corps !

— C'est de la profanation, tante Amélie !

— Que vient chercher ce grand-mot-blanc ?
As-tu idée de la qualité du pain et du vin que tu
as sous ta robe ? L'homme qui te mangera et te
boira sera d'accord avec moi. N'est-ce pas,
monsieur Nerceval ?

Je ne trouvai rien à dire, tandis que Thérèse
éclatait de rire. En nous raccompagnant, tante
Amélie nous combla de vœux de santé et de
bonheur...

Notre halte suivante nous conduisit dans une
famille du quartier de Turgeau. M. et
Mme Chailloux habitaient une maison fraîche, au
mobilier de rotin, avec des plantes qui grim-
paient partout. Mme Chailloux et la mère de

Thérèse s'étaient connues sur les bancs de l'école des sœurs de Lalue.

— Ta maman, dit Mme Chailloux, était la plus belle de la classe; mais toi, Tété, tu bats tous les records. N'est-ce pas, Joseph?

Le maître de maison, un vigoureux quinquagénaire, avant d'émettre son avis, chercha du regard mon autorisation.

— N'importe quel jury de la terre aurait couronné Tété, les yeux fermés. (Il ferma les siens.) Vous avez de la chance, monsieur!

Tété échangea avec moi un regard sibyllin qui plongea Mme Chailloux dans un abîme de perplexité. Au même instant, la smala des Chailloux fit irruption dans le salon : sept filles et autant de garçons, allant de deux à vingt ans, tous emballés par la visiteuse. Je ne passai cependant pas inaperçu. Dans le regard de l'une des adolescentes, je crus comprendre ceci : quelle raison a Tété, superbe comme elle est, d'épouser ce vieux? Un des petits garçons, face à l'énigme, se jeta à l'eau :

— C'est avec ce tonton que tu te maries? dit-il à Tété.

— Oui, avec lui, dit Tété pour jouer. Tu ne veux pas que je me marie avec lui?

Le gamin me jaugea des pieds à la tête d'un coup d'œil sévère.

— Tu dois te marier avec lui, dit-il.

Au milieu de l'hilarité générale, l'aînée des filles s'amena avec un plateau de rafraîchissements.

— Vive la mariée! crièrent les enfants.

— On s'amuse bien, dit Tété au moment où je redémarrai sous les vivats des Chailloux.

— Où allons-nous maintenant ? demandai-je.

— Tu sais, dit Tété, pas loin d'ici habitent de vieux amis de mes parents, les Silfort. Ce sont des gens que je trouve vulgaires. Mais ils feront un double infarctus si je ne les invite pas personnellement. Tu n'as qu'à rester dans la voiture. Je descendrai en coup de vent les convier.

Sur les indications de Tété, je freinai devant une petite maison perdue au bout d'une allée bordée d'arbres et de massifs de fleurs. Tété poussa le portail du jardin. Un instant après, un faune des Caraïbes, en pyjama, apparut dans l'allée.

— Descendez donc, monsieur Nerceval. Vous prendrez bien un petit verre avec des amis de Tété.

Je rejoignis M. Silfort sans me faire prier.

— Votre maison est très agréable, dis-je.

— Notre nid vous plaît ? Rien ne vous empêche d'en offrir un à notre chère Thérèse.

— Mais monsieur, je suis seulement un...

— L'événement est pour le 15 avril, n'est-ce pas ?

— Euh, oui.

— Ce sera le plus beau mariage de l'année.

— Thérèse le mérite bien.

— La plus belle fille des Amériques ! Avouez que vous êtes né avec une coiffe !

— ...

M. Silfort m'installa sur sa terrasse. Des bribes de papotages nous parvenaient de l'intérieur.

— Mon cher, dit-il, acceptez-vous des conseils

d'un aîné qui a quelque expérience en matière conjugale ?

— Si vous y tenez, monsieur, je vous écoute.

— Primo : avec une femelle comme notre Thérèse, n'ayez confiance en personne : collègue, frère, beau-frère, voisin, chien, chat, cheval, serpent, coq, bananier, coiffeur, godemiché, dentiste, plombier, gynécologue, jardinier, chirurgien, facteur, électricien, perroquet, tout ça, c'est de la mauvaise graine de séduction. Fermez l'œil, et hop, votre splendide jument est enfourchée jusqu'à la gorge. Secundo : vu la différence d'âge, mettez-vous illico au *lambi* [1]. Vous aurez des yeux tout autour de la queue et un pouvoir de taureau dans le pantalon ! Tenez, je vais vous faire goûter à un bois-cochon, un *trempé* [2] de grand cru ! Au bord du quatrième âge, mes performances restent celles de ma trentaine !

J'étais en train de savourer l'eau-de-vie de mon hôte quand Thérèse reparut, suivie de Mme Silfort, que fascina aussitôt la bouteille ouverte sur la table.

— Regarde-moi ça, Tété. Ces messieurs préparent leur montée au ciel !

— J'espère qu'ils ont des parachutes ! dit Tété.

— De l'acrobatie aérienne vous attend, monsieur ! Foutre-tonnerre, quel âge formidable, la jeunesse !

On regagna la voiture sans pouvoir nous arrêter de rire. Notre bonne humeur se prolon-

---

1. Drogue aphrodisiaque préparée avec un fruit de mer.
2. Boisson aphrodisiaque préparée avec des racines.

geait dans le paysage d'avril. Le ciel était aussi intensément bleu que l'avenir de Thérèse Mérisier. Malgré la présence ensorcelante de la jeune femme, je me sentais engagé dans une aventure plus proche du rêve que de la réalité. Peut-être, dans le rétroviseur, distinguerai-je les traits d'Adriana, sagement assise sur la banquette arrière, témoin attendri de ma paix d'esprit et de sang. On suivait la route de la Croix-des-Missions, à la sortie de Port-au-Prince Nord.

— On aurait dû commencer par cette visite, dit Tété. La personne chez qui nous allons est une *mambo*. Elle s'appelle Andrea Shakespeare. Oui, mon cher, comme le poète. Andrea a été domestique dans ma famille. Elle est restée plusieurs années chez nous. A quinze ans, j'ai mis des mois à me consoler de son départ. Maintenant elle est une célèbre *mambo*. « Tété, qu'elle m'a dit un jour, quand tu te décides à te marier, n'oublie pas de venir me voir, j'aurai une belle dot pour toi. » En fait, elle tient à me placer sous la protection d'un dieu du vaudou. Elle est prévenue qu'on la visiterait aujourd'hui. Crois-tu que cela déplaira à Guy?

— Je ne sais quelle sorte d'Haïtien est ton fiancé. A sa place je serais pour. Etre bénie, tour à tour, par Erzuli-Fredda-Toucan-Dahomin et l'archevêque de Port-au-Prince, n'est-ce pas merveilleux?

— Tiens, parrain, tu mérites une grosse bise.

Quelques instants après ce baiser filial, Tété me fit signe de tourner à gauche. On suivit un chemin de terre caillouteux et défoncé. Environ un kilomètre plus loin, la piste déboucha sur un

groupe de maisons que rafraîchissaient des manguiers et des arbres-à-pain. Entre les maisons
couraient des lauriers-roses, des hibiscus et des
bougainvillées mauves et rouges. A notre descente de voiture, une femme aux formes encore
rondes et dures vint joyeusement à notre rencontre. Elle prit Tété dans ses bras avec une
émotion nullement feinte.

— Andrea Shakespeare.

— André Deuvrier, ravi de faire votre
connaissance.

Les présentations faites, elle nous invita à
entrer dans un bâtiment au toit de chaume
entouré d'une spacieuse véranda surélevée, sou-
tenue par des poteaux peinturlurés. On pénétra
dans la *sobadji* du *houmfort*[1]. C'était une grande
pièce claire dont le fond était occupé par deux
autels, sous lesquels on voyait des niches cin-
trées. Sur les murs, il y avait de multiples motifs
ornementaux : des arcs-en-ciel, des serpents, des
croix noires aux supports argentés, des chromos
de saints catholiques, des oiseaux, des papillons,
des fleurs et des coquillages de diverses couleurs.
Toutes sortes d'objets rituels se détachaient des
autels : des hochets, des bouteilles de liqueurs,
un chapeau haut de forme, une paire de béquil-
les, des grappes de tambours, des cruches, des
canaris, des récipients d'huile, sur laquelle flot-
taient gaiement de petites mèches de coton
enflammé. Des lampes éternelles, aux verres
colorés, étaient suspendues au plafond.

Nous étions tous les trois en train de nous

---

1. Autel du temple vaudou.

recueillir devant l'un des autels du sanctuaire quand fit son entrée un personnage de rêve.

— Je vous présente, dit Mme Shakespeare, Erzuli-Fredda-Toucan-Dahomin, reine de l'amour fou.

La divinité inclina la tête dans un franc sourire. Nous lui fîmes la révérence. Elle avait le visage mystérieux et délicat d'un ange. Elle portait une robe de mariée, serrée à la taille, avec un voile blanc constellé de fleurs jaunes. Une broche en or brillait sur sa poitrine. Elle avait de longues boucles d'oreilles et trois bagues à l'index de la main droite. L'aura de sa personne augmenta autour de nous la douceur du dimanche d'avril.

Erzuli prit un bol sur l'un des autels et, avec la cendre qu'il contenait, elle dessina sur le sol le blason de sa lignée divine : un cœur bordé de lignes dentelées et traversé d'une double flèche. Le *vevé*[1] terminé, elle l'embrassa et nous demanda d'en faire autant.

— L'homme que voici, dit Mme Shakespeare en se tournant vers moi, accompagnera notre fille Thérèse à l'autel, à titre de parrain de ses noces.

A notre surprise, Erzuli hocha plusieurs fois la tête comme pour me refuser ce privilège.

— Erzuli chérie, dit Mme Shakespeare, tu ne veux pas que cet ami préside au mariage de Thérèse Mérisier ?

La déesse éclata de rire. Elle s'avança vers moi et m'embrassa vivement sur la bouche. Ensuite elle se mit à me déshabiller. Elle m'enleva la

---

1. Dessein symbolique du rituel vaudou.

chemise et le maillot de corps. Elle déboucla ma
ceinture et me quitta pantalon et slip. Elle se
baissa et m'ôta chaussures et chaussettes.
Debout, tout nu, j'implorai du regard l'aide de
Mme Shakespeare. La *mambo* avait le visage
transfiguré, les yeux dilatés d'innocence et de
joie. J'osai regarder du côté de Thérèse Mérisier.
Ses lèvres tremblaient, de même que les ailes de
son nez. Tout son corps était électrisé d'ébahisse-
ment. Erzuli fit un pas vers elle et l'embrassa
également à pleine bouche. Lentement, la déesse
fit tomber le chemisier, le soutien-gorge, le blue-
jean, les sandales et le slip. Puis elle nous plaça
l'un en face de l'autre, les mains dans les mains.
Les larmes de ravissement nous brouillèrent
réciproquement la vue. Nous étions en extase.

Erzuli et Mme Shakespeare apportèrent aussitôt une grande auge en bois couronnée de
vapeur. Elles nous invitèrent à entrer dans le
bain de charmes. L'odeur de muscade, de jasmin
et de champagne qui envahit la pièce augmenta
encore plus notre transport. Les deux femmes
lavèrent nos visages, nos mains, nos pieds, nos
sexes et nos rêves.

Après le coït sacré, Mme Shakespeare plongea
le pouce dans un récipient d'huile chaude et
parfumée. Elle exécuta des signes de croix sur le
front, les seins, le ventre et le pubis de Thérèse
Mérisier. A mon tour, je reçus d'Erzuli des signes
de protection sur le front, le torse, le ventre et sur
les testicules.

Les deux femmes nous aidèrent à nous sécher
et à nous rhabiller. Ensuite, nous prîmes affectueusement congé d'elles.

Avant d'entrer dans la voiture, Thérèse Mérisier sortit de son sac à main la liste des familles
qu'il restait à visiter. Elle déchira en riant la
feuille de papier et éparpilla les morceaux dans le
chemin. Le jour d'avril resplendissait, pur et
lumineux, sur le couple que nous formions avec
la double bénédiction du ciel et de la terre.

Un retour à Jacmel

Le docteur Hervé Braget arriva à Jacmel un samedi après-midi sur une haute moto rouge, au métal étincelant, qui faisait autant de bruit qu'un char d'assaut. Il fit en trombe le tour de la petite cité du Sud-Ouest haïtien avant de s'arrêter sur la place d'Armes, devant la villa que son père venait d'aménager pour lui en clinique. Le docteur Braget était le premier Haïtien de Jacmel qui rapportait des facultés de Paris un titre d'interne des hôpitaux. Son arrivée au guidon d'une Harley Davidson fut reçue comme un scandale. On s'attendait à le voir regagner le pays natal dans la Buick de son père. A la rigueur on eût admis qu'il revînt en *tap-tap*. On eût compris qu'un jeune médecin ait l'envie de se mêler au petit peuple, aux volailles et aux bestiaux qui utilisent ce genre de locomotion.

La tenue du motard était un autre sujet d'indignation : le fils de Timoléon Braget, l'honorable exportateur de café, portait des culottes de golf, une chemise saumon avec un nœud papillon à pois, des bas noirs, des lunettes obscures d'aviateur et des gants de cuir. Dans cet

accoutrement on ne reconnaissait pas le jeune
homme studieux, l'athlète à l'élégance sobre, aux
gestes délicats, qu'on avait vu partir dix ans
auparavant.

A Jacmel, ce soir-là, la médisance ne dormit
pas le ventre vide. Sur les bancs de la place
d'Armes comme dans les foyers, elle eut autant à
boire qu'à manger. Aucun interne des hôpitaux
de Paris, disait-on, ne se déplace en moto dans
des vêtements de fantaisie, avec des chaussettes
assorties aux verres de ses lunettes. Hervé Braget
a dû ramasser de telles habitudes à Pigalle ou
dans les bas-fonds de Barbès-Rochechouart. Sa
tenue confirmait les bruits qui, de loin en loin,
avaient couru sur ses frasques d'étudiant. A un
moment donné, il aurait suivi à Tanger une
ancienne danseuse de ballet russe. De Tanger il
serait passé à Casablanca, où il aurait fait de la
prison à la suite d'une histoire de drogue. Plus
tard on avait signalé sa présence dans une ville
polonaise où il aurait enseigné la langue créole à
une nièce du maréchal Pilsudski. L'hiver 1935,
on l'imagina en train de jouer de la clarinette
dans l'orchestre que son cousin Théophile Zel-
nave avait formé à Liverpool. On perdit ensuite
ses traces dans la cale d'un cargo néo-zélandais.
On les retrouva six mois plus tard à la cuisine
d'un palace de la Riviera italienne. Et sans crier
gare il était rentré à la maison, plus proche de
l'écuyer de cirque que du docteur en médecine.

Les notables de Jacmel, réunis dans les salons
de Mme Cécilia Ramonet, par égard pour la
famille Braget, décidèrent d'accorder un sursis à
Hervé. On le tiendra en observation durant le

temps qu'il lui faudra pour obtenir une clientèle
dans la ville.

En moins de six mois le docteur Braget gagna
pleinement la confiance de ses concitadins. Il
avait avec succès soignés des grippes, des coque-
luches, des paludismes, des ulcères d'estomac,
des hernies, des fibromes, des blennorragies, des
crises d'asthme et des dépressions nerveuses. A
l'hôpital Sainte-Thérèse l'on fit à plusieures
reprises appel à lui, pour le mettre à l'épreuve. Il
y réussit des opérations extrêmement compliquées. Quant à ses accouchements, on les disait
de toute beauté.

En tant que citoyen, on ne lui releva aucun
écart de conduite. Au Café de l'Etoile, chez Didi
Brifas, il se joignait avec entrain aux parties de
poker. Il parlait simplement de la pluie et du
beau temps, sans jamais évoquer ses souvenirs de
l'Hôtel-Dieu ou des Folies-Bergère. Il ne se
ventait pas d'avoir pris souvent l'apéritif avec le
professeur Henri Mondor, ni d'avoir passé ses
weeks-ends en Normandie dans les bras d'une
petite-fille de Louis Pasteur.

Profondément intégré aux travaux et aux jours
de Jacmel, Hervé Braget était un Jacmellien de
plus : il fréquentait les combats de coqs et les
parties de cerfs-volants géants sur la plage. Le
dernier vendredi de chaque mois, on pouvait le
voir s'amuser au bal criminel tous azimuts
qu'organisait le bâtonnier Népomucène Homère
au fameux dancing *Au rat mort*. Le docteur Braget
assistait de même aux baptêmes, aux fêtes de
première communion, aux mariages, aux veillées
et aux enterrements les plus humbles. Plus d'une

fois on vit la moto garée près d'une porte latérale de l'église Saint-Philippe et Saint-Jacques : le docteur Braget entrait tailler une bavette avec Notre-Dame du Perpétuel Secours ou demander au petit Jésus de Prague de mettre ses pieds divins sur son cou de toubib motorisé.

Sollicité par les distinguées dames du club Excelsior de prononcer une conférence sur un thème de sa convenance, un dimanche matin, tout le Jacmel lettré put entendre le praticien disserter pendant deux heures sur « la présence d'un surréalisme populaire dans les cultes syn-crétiques des Amériques ». Il n'y eut, parmi les assistants fascinés, que Mme Cécilia Ramonet pour dire qu'à son estime, si on remplaçait surréalisme populaire par « érotisme baroque », on aurait une vue plus exacte de l'insolite message du conférencier.

Huit mois après le retour du docteur Braget, le journal local *La gazette du Sud-Ouest* publia sous la plume du bâtonnier Népomucène Homère un article qui résumait le sentiment de Jacmel :

« La cité des poètes est en mesure désormais d'acquitter sa dette envers Hippocrate. En effet, nous avons dans nos murs, en la personne de notre ami, monsieur le docteur Hervé Braget, non seulement un Interne des Hôpitaux de la Ville des Lumières, mais un spécialiste de la médecine la plus générale, un savant rompu aux thérapeutiques les plus audacieuses. Pourtant, les débuts du docteur Braget dans la ville de son enfance ont été très pénibles. A sa place, n'im-porte quel autre disciple d'Asclépios aurait rangé son stéthoscope et son scapel et aurait fait ses

adieux à un Jacmel que ses superstitions empê-
chent de s'intégrer aux temps modernes. (Nous
en savons quelque chose, nous autres les pion-
niers d'*Au rat mort*.) Il a suffi, en effet, d'une
Harley Davidson et d'une chemise fantaisie pour
soulever un tollé général contre le brillant garçon
de Timoléon Braget. Aujourd'hui, par un juste
retour des choses, les familles qui clouaient au
pilori le docteur Braget et lui inventaient un
passé d'aventurier sont les mêmes qui lui témoi-
gnent leur gratitude. L'enfant prodigue d'Escu-
lape a montré qu'il avait plus de deux roues dans
son jeu d'homme de science... »

Le cote du docteur Braget planait à cette
hauteur quand une histoire de piqûre fit entendre
un autre son de cloche. Emile Jonassa, un jeudi
matin, fit appeler d'urgence le docteur Braget à
cause des migraines qui depuis quarante-huit
heures retenaient sa femme clouée au lit. Le
jeune couple habitait à Saint-Cyr une coquette
maison à étages. Jonassa avait son atelier de
cordonnier au rez-de-chaussée. Après avoir
accompagné le médecin au chevet de la belle
Erica, il les laissa seuls. Une demi-heure après, le
docteur n'était pas descendu. Jonassa ne résista
pas à l'envie d'aller écouter aux portes, son
marteau à la main.

— Respirez... respirez plus fort... Bien. Vous
avez mal là... et ici ? Ne respirez plus... Une
petite injection et tout ira à merveille...

Jonassa allait redescendre, tout confus de sa
crise de jalousie, quand un soupir d'émerveillement qui lui était familier ébranla les racines de

sa vie. Il rompit la porte et assena plusieurs coups de marteau à la tête du docteur Braget.

Le médecin, le crâne ouvert, eut juste le temps de dégringoler l'escalier et d'enfourcher sa moto. A un train d'ambulance, il courut se faire soigner à l'hôpital. La version d' « accident de moto sur la route des Orangers » ne dura pas une heure. Avant midi, Jacmel savait que maître Jonassa avait trouvé le docteur Braget en train d'expérimenter sur Erica Jonassa une « seringue giratoire à injection intra-vaginale ».

Après un tel scandale n'importe quel mâle se serait enfermé chez lui, dans le cocon de ses consultations, pour laisser s'apaiser la tempête. Le docteur Braget, à la stupéfaction de la ville, se montra partout, la tête enturbannée, donnant mille détails sur les circonstances de son accident de moto, avec un air de grand malade récemment trépané.

Deux mois plus tard, en début d'après-midi, un mauvais garçon s'approcha de l'atelier du maître tailleur Adrien Ramonet. Il fit signe au patron qu'il avait à lui parler. Il lui apprit brutalement que Mme Ramonet, depuis plusieurs jours, n'arrêtait pas de visiter le docteur Braget. Adrien administra une taloche soignée au garnement et revint à ses ciseaux. Mais un moment après, sous un prétexte quelconque, il rentra chez lui. Denise Ramonet venait tout juste d'arriver.

— D'où viens-tu à cette heure ?

— Mon chéri, j'avais un horrible mal de tête. Prise de peur, je me suis précipitée chez un médecin.

— Qu'a dit le docteur Nerval ?

— J'ai été plutôt chez le docteur Braget.

— Depuis quand est-il notre médecin de famille ?

— Il habite plus près de chez nous.

Adrien Ramonet fit semblant de la croire et retourna à son travail. Le surlendemain, à la même heure, il alla se dissimuler sur la place d'Armes, sur un banc à l'abri d'un vieil arbre. Il ne vit entrer personne chez le docteur Braget. Il allait partir quand le galopin fit son apparition.

— Monsieur Ramonet, avant-hier vous m'avez frappé injustement. Un honnête père de famille ne mérite pas qu'on le mène en moto... Votre dame entre et sort par la porte du jardin...

Adrien Ramonet se prit la tête dans les mains. Des lueurs de meurtre troublaient ses sens.

— Qu'est-ce que vous auriez fait à ma place ? il s'entendit demander au polisson.

— Moi, j'aurais pris une autre jolie pépée. Ça ne manque pas à Jacmel.

Il se leva et courut jusqu'à sa maison. Il empila dans deux valises quelques effets personnels. Aidé du jeune homme, il gagnait la sortie quand Denise arriva, essoufflée, les yeux brillants de bonne fatigue.

— Adrien, tu pars en voyage ? Qu'est-ce qui t'arrive ?

— J'emmerde tes deux roues, espèce de garce !

— Adrien chéri, écoute !

Le nouveau scandale fit plus de bruit que le précédent. Adrien était l'un des fils de Cécilia Ramonet, la seule veuve de Jacmel qu'on appelait souvent par le prénom de son défunt mari : César ! Le général César Ramonet était quelqu'un qui comptait dans l'histoire de la ville. Cécilia Ramonet, à apprendre que le docteur Braget venait d'outrager sa famille, tomba dans une rage folle, Il fallut la force de plusieurs tailleurs pour l'empêcher, sur-le-champ, d'aller comme elle disait « donner une leçon d'anatomie aux couilles du docteur Braget ». Elle brandissait une énorme paire de ciseaux qui, criait-elle, « n'étaient pas tombés des dernières pluies ».

Dans la soirée, César finit par échanger l'idée d'une vengeance personnelle contre l'adoption d'un « train de mesures » pour mettre fin à « l'escalade motophallique » du docteur Braget. D'une voix de général de gendarmerie, César dicta aux notables rassemblés dans son salon les décisions suivantes : *primo,* aucune femme de la bonne société de Jacmel ne mettra désormais les pieds à la clinique du docteur Braget ; *secundo,* aucune famille honorable n'invitera sous son toit un médecin qui trahit si vilement le serment d'Hippocrate ; *tertio,* Hervé Braget est exclu du club Excelsior ; *quarto,* le préfet interdira par décret tout bruit de moto après cinq heures du soir et avant dix heures du matin ; *quinto,* un vaurien de la ville peindra en rouge sur la porte de l'indigne praticien :

> DANGER : *le docteur Hervé Braget*
> *roule en motophallus !*

La riposte du docteur Braget arriva comme une bombe : il nettoya sa belle porte d'entrée et fit graver sur une plaque en bronze :

DOCTEUR HERVÉ BRAGUETTE,
GYNÉCOPHILE,
INTERNE DES HOPITAUX DE PARIS !

Le vendredi suivant, on dansa comme des fous, à *Au rat mort*. Une méringue endiablée célébra l'homme qui osait proclamer sa gynécophilie au monde ! Dès lors, il n'y eut plus de Cécilia Ramonet, sinon un César en colère qui alla jusqu'à consulter Okil Okilon, un redoutable docteur-feuilles de la région, pour jeter la malédiction sur le médecin.

Le passage du cyclone Betsabé fit croire à tous que le docteur Braget était né avec une coiffe. Il aida à ranimer et à reloger des centaines de sinistrés. Il indiqua les mesures d'hygiène à prendre pour éviter une épidémie. On vit sa moto sillonner les campagnes jusqu'aux endroits inondés. Le bruit courut même que son engin était amphibie et qu'il lui arrivait de voler quand les crues d'une rivière ne le laissaient pas passer.

Le cyclone parti, il y eut une grande accalmie dans la rade de Jacmel, dans les arbres de la place d'Armes, comme dans les esprits qu'inquiétait le mystère du docteur Braget. Cette trêve dura jusqu'aux derniers jours de l'année.

A l'est de la place d'Armes, il y avait le couvent et l'école des sœurs de Sainte-Rose-de-Lima. Jacmel aimait ces religieuses qui venaient de très loin partager ses soucis d'éducation et d'élévation spirituelle. Parmi les sœurs, il y en avait une, sœur Nathalie des Anges, qui était particulièrement aimée pour son dévouement, sa gentillesse, sa dévotion enjouée. Elle avait un autre mérite : sa voix apportait un élément de merveilleux au chœur de l'église Saint-Philippe et Saint-Jacques. Le bâtonnier Népomucène Homère allait aux offices rien que pour écouter, comme il la décrivit dans *La gazette du Sud-Ouest,* « l'eau pure de cette voix grégorienne couler sur des galets polis par la main de Dieu ».

Un dimanche soir, sœur Nathalie des Anges rentra des vêpres dans un état alarmant : elle avait des frissons, ses dents claquaient, ses membres étaient prostrés. A minuit elle faisait plus de quarante de fièvre. La mère supérieure, après avoir longuement prié, traversa la place d'Armes et amena le docteur Braget au chevet de la malade. Il l'ausculta avec une délicatesse infinie, en présence d'une demi-douzaine d'autres sœurs qui, à genoux, rosaires en main, montaient la garde dans la chambre. Il formula son diagnostic et indiqua un traitement. Trois jours après, sœur Nathalie pouvait reprendre ses cours. Au répit de midi elle alla remercier personnellement l'éminent docteur. Trois mois après, la mère supérieure confia au curé de Jacmel, le révérend père Naélo, que sœur Nathalie des Anges attendait un enfant du docteur Braget. La religieuse fut embarquée discrètement à bord du premier cargo en partance pour l'Europe. Bien que le secret fût bien gardé autour de ce malheur, Jacmel eut le sentiment que quelque chose avait mal tourné dans le départ précipité de sœur Nathalie des Anges. Les imaginations se donnèrent libre train : le docteur Braget pouvait engrosser à distance la femme qu'il voulait. A croiser une jeune fille ou un essaim de jeunes

filles, il n'avait qu'à braquer sur leur pubis le
« rayon fécondateur » qu'il avait fixé dans le
phare de la motocyclette, pour transpercer ins-
tantanément tissus et hymens...

Jacmel en était là quand arriva la Semaine
sainte. Depuis la précédente, la ville avait vécu
plusieurs scandales. L'un d'eux l'avait conduite
au bord de l'abîme. Le père Naélo le rappela en
chaire : Jacmel, victime du péché de ses vivants,
méritait un Vendredi saint qui fît date dans
l'histoire des poèmes de la Passion ! Le curé de
Saint-Philippe et Saint-Jacques invita les Jacmelliens à monter au Calvaire avec un Christ qui
avait plus souffert que d'habitude. Il fallait que
les rues de la ville, souillées par les roues du mal,
participassent ardemment au mystère de la
Rédemption.

Le chemin de croix partit à trois heures de
l'église. Au nord de Jacmel, une élévation de
terrain symbolisait le drame du mont des Oli-
viers. Au moment où un débardeur de la ville
allait porter la lourde croix de bois, le docteur
Hervé Braget s'avança brusquement et offrit ses
jeunes épaules. Il était vêtu d'un pantalon de golf
noir et de la casaque jaune que revêtaient jadis
ceux qui étaient condamnés au bûcher de l'In-
quisition. Le san-benito du docteur Braget brillait sous le soleil-lion de la Caraïbe. Des cris
montèrent de la foule quand on reconnut
l'homme qui tenait le rôle du Crucifié. Le drame
de la passion éclata sur-le-champ : hommes et
femmes se mirent à cracher sur le docteur Braget.
Des gamins lui lancèrent des pierres. Des forcenés l'agonirent d'ignominies. Quelqu'un lui

fabriqua, en un tour de main, une couronne d'épines avec du fil de fer barbelé, et il la lui posa sur la tête. A ce moment-là, Braget fit sa première chute. La foule entonna l'hymne du Vendredi saint. Le docteur se releva, baigné de sueur, saignant des oreilles, la bouche entrouverte, le visage transfiguré, avec une sorte de rayonnement dans ses traits.

A sa deuxième chute, un courant d'intense émotion saisit la foule. Des gens criaient « *Ecce Homo* », tandis que d'autres continuaient à vociférer des injures de plus en plus grossières. Il y eut des scènes d'hystérie quand le cordonnier Emile Jonassa commença à jouer des coudes et des épaules pour s'approcher du médecin. Il portait un marteau et d'énormes clous à la main.

— Crucifiez-le pour de vrai ! cria Cécilia Ramonet.

— Crucifions-le ! reprirent de nombreuses voix.

Mais Jonassa, arrivé à la hauteur de Braget, jeta marteau et clous à ses pieds. Il s'offrit humblement à l'aider à porter la croix.

— Vive Simon de Cyrène !

— *Simon le Juste ! Ecce Homo* ! criait-on de divers côtés.

Plusieurs personnes avaient des larmes aux yeux. Mais les outrages continuaient à pleuvoir, avec des pierres et des œufs pourris. Sur la côte accidentée qui conduisait au sanctuaire, le docteur Braget tomba cinq fois de suite. Il était harassé. Quelques jeunes filles, parmi les perles de la ville, lui essuyèrent les yeux et les oreilles avec leurs mouchoirs de batiste. L'une d'elles le fit avec une telle tendresse qu'une lueur de miséricorde effaça soudain sur le visage de Braget le mystère de la souffrance et du péché, pour mettre à nu l'innocence d'un enfant puni. La candeur qui émana soudain de son être le rendait étranger au docteur Hervé Braget que la foule conspuait. Dans cet état, Braget franchit les derniers mètres qui le séparaient de l'endroit du Calvaire où il devait déposer la croix. L'hymne du Vendredi saint s'éleva de nouveau. Cette fois, il se mêla au souffle de la mer Caraïbe qui adoucissait la colline du Calvaire.

A dix heures trente du soir, une nouvelle se répandit comme une traînée de poudre : Madeleine Dacosta n'était pas rentrée à la maison de ses parents. A la fin de la procession, on l'avait vue se diriger en compagnie de plusieurs jeunes filles vers le beau quartier qu'elle habitait au bas de la ville. A quel moment s'était-elle séparée de ses amies ? Pour aller où ? Après la cérémonie, les gens étaient rentrés rapidement chez eux, repus de lumière, de fatigue et de dévotion. Madeleine Dacosta avait dix-sept ans. Il suffisait de la voir marcher, nager, monter à cheval, manger, danser, se baisser pour ramasser un objet, descendre un escalier, pour savoir qu'elle était née pour rester une femme-jardin au moins pendant un demi-siècle. A la procession ce fut elle qui manifesta le plus intensément sa miséricorde au moment où le Fils de l'Homme semblait souffrir le plus.

Cela n'empêcha pas Cécilia Ramonet de penser au pire quand elle apprit la disparition de sa filleule : Madeleine est au lit du docteur Braget !

Son sang ne fit qu'un tour. Elle prit le chemin de la place d'Armes. La nuit était tombée. Elle s'avança le plus près possible de la clinique. Elle vit d'abord la motocyclette garée dans la cour, ensuite le docteur Braget qui faisait tranquillement les cent pas sur sa véranda dans ses vêtements de pénitent. Elle respira et alla sur-le-champ rassurer son amie Germaine, la maman de Madeleine. Elle la trouva étendue sur un divan avec des compresses sur le front.

La maison des Dacosta était remplie d'amis, de voisins, de curieux, comme dans une veillée. On se répétait que Madeleine Dacosta n'était pas une jeune fille à se suicider ni à se laisser entraîner dans une quelconque aventure. Sa disparition, un soir de Vendredi saint, ne pouvait être qu'un mystère. C'est ce que Cécilia Ramonet expliquait aux gens. Mais aux coups de minuit, elle changea d'opinion. Elle se leva brusquement de son siège et cria :

— Ma filleule est en danger, c'est moi, César, qui vous le dis !

Elle mit aussitôt son châle en bataille autour du cou. Depuis 1922 on ne l'avait vue faire ce geste avec autant de décision. Elle se précipita au presbytère pour demander au père Naélo de sonner le tocsin. Un quart d'heure après, César se trouvait à la tête d'un peloton de gendarmes, d'une douzaine de pompiers et d'un nombre important de volontaires. Elle proposa qu'on fouillât systématiquement Jacmel, maison par maison, y compris les lieux de villégiature de Meyer et des Orangers.

On fouilla Jacmel de fond en comble. Les

familles honorables comme les maquerelles, les
prostituées, les truands durent ouvrir les portes,
les armoires, les malles. Même l'établissement
des frères de l'Instruction chrétienne, à la Petite-
Batterie, ne fut pas épargné, pas plus que le
couvent des sœurs de Sainte-Rose-de-Lima qui
ne pouvaient s'empêcher dans leurs prières d'associer le Christ de l'après-midi à l'homme qui
avait perdu leur chère Nathalie des Anges !

Vers trois heures du matin, alors que les
recherches étaient toujours vaines, le bâtonnier
Népomucène Homère fit circuler dans la ville
une légende oubliée depuis longtemps : l'homme
et la femme qui forniquent le Vendredi saint,
dans l'oubli du mystère de la Passion, sont
condamnés à rester collés l'un à l'autre, pour
longtemps. Il se forme entre eux un nœud de
chair, un nombril maudit que même l'étole d'un
pape ne peut défaire.

Le soleil se leva sur ce conte tandis que les
gens rentraient se coucher, las de suivre en
vain les traces de Madeleine Dacosta. Les plus
égoïstes disaient que, de toute manière, Madeleine était assez grande pour administrer le
merveilleux jardin qu'elle avait reçu du bon
Dieu. Cécilia Ramonet ne l'entendait pas de
cette oreille. Le César en elle restait aux
aguets avec le ferme espoir de trouver la jeune
fille. Elle tenait à peine sur ses jambes alors
qu'elle suivait un sentier parallèle à la rivière La
Gosseline. Tout à coup elle avisa une petite
maison, très à l'écart, protégée par un groupe de
manguiers.

— Allons par là, dit-elle au père Naélo.

Au bout d'une minute, elle s'arrêta net, l'œil fixé sur un objet précis.

— Regardez, mon père, dit-elle, là-bas, au bout de la tonnelle, n'est-ce pas un métal qui brille?

— Où ça, César? je ne vois rien, dit le curé.

— Moi si, dit-elle en se mettant à courir.

Elle abandonna le sentier et coupa à travers un champ de bananiers. Après une centaine de mètres, elle distingua la motocyclette du docteur Hervé Braget. Garée sous la tonnelle, un bout du tuyau d'échappement débordait toutefois l'espace de l'enclos.

César alla tout droit à la porte de la cabane. Elle frappa vivement.

— Qui est là? fit une voix d'homme.

— Je reconnais votre voix, Judas Iscariote, ouvrez! ordonna César Ramonet.

— La porte n'est pas fermée à clé, dit l'homme.

Cécilia César Ramonet poussa la porte, tout en faisant signe aux autres de l'attendre au-dehors. Les deux amants étaient nus, l'un à côté de l'autre, encore dans l'enchantement de la nuit et de leur tout dernier orgasme. Hervé Braget repoussa le drap que César s'était empressée de jeter sur eux.

— Lève-toi, ma filleule, dit César, je te ramène à la maison.

— Ecoute, marraine, dit Madeleine, occupe-toi de ce qui te regarde, pour Hervé et moi le samedi de gloire ne fait que commencer!

Les amants de la Semaine sainte durent quitter la ville, en moto, le jour même. On ne devait plus jamais les revoir à Jacmel. Leur légende se forma immédiatement : César et le père Naélo, en rentrant dans la petite maison au bord de la rivière, ne trouvèrent personne. Il y avait bien dans la pièce un lit en désordre qui révélait les jeux d'amour d'un couple ensorcelé. César se mit à chercher dans tous les coins où les amants étaient passés. Elle ne tarda pas à découvrir sous le lit un sexe de femme et un sexe d'homme qui, tout au bout de l'émerveillement réciproque, se livraient un ultime bon combat. Le père Naélo se jeta à genoux devant ce miracle. Mais, en un instant, à se voir devant des témoins, les deux sexes se changèrent en une paire d'ailes. Un oiseau unique s'envola gaiement dans le samedi immensément bleu de Jacmel. Une fois tous les dix ans, ce paradisier vient se poser sur l'un des fromagers de l'allée des Amoureux par où, soudain, la place d'Armes surplombe la mer des Caraïbes et la marée des rêves qui se font et se défont sans fin dans le monde.

DU MÊME AUTEUR

Poésie

ÉTINCELLES, Imprimerie de l'État, Haïti, 1945.

GERBE DE SANG, Imprimerie de l'État, Haïti, 1946.

VÉGÉTATION DE CLARTÉS, *préface d'Aimé Césaire*, Pierre Seghers, Paris, 1951.

TRADUIT DU GRAND LARGE, Pierre Seghers, Paris, 1952.

MINERAI NOIR, Présence Africaine, Paris, 1956 (épuisé).

JOURNAL D'UN ANIMAL MARIN, Pierre Seghers, Paris, 1964.

UN ARC-EN-CIEL POUR L'OCCIDENT CHRÉTIEN, Présence Africaine, Paris, 1967 (épuisé).

CANTATE D'OCTOBRE (Éd. bilingue), Institut du Livre, La Havane; La S.N.E.D., Alger, 1968.

POÈTE À CUBA, *préface de Claude Roy*, Pierre-Jean Oswald, Paris, 1976 (épuisé).

POETA A CUBA, *introduction de Ugo Salati* (Éd. italienne bilingue), Edizioni Accademia, Milano, 1973.

EN ÉTAT DE POÉSIE, coll. La Petite Sirène, Éditeurs Français Réunis, Paris, 1980.

RENÉ DEPESTRE, par Claude Couffon, coll. Poètes d'aujourd'hui, Pierre Seghers, Paris, 1986 (Choix de poèmes).

RENÉ DEPESTRE, Aus dem Tagebuch eines Meerestieres, Verlag Volk und Welt, Berlin, 1986 (Éd. bilingue, choix de poèmes).

AU MATIN DE LA NÉGRITUDE, *préface de Georges-Emmanuel Clancier,* Euroeditor, 1990 (Éd. hors commerce).

JOURNAL D'UN ANIMAL MARIN (Choix de poèmes 1956-1990), Gallimard, Paris, 1990.

ANTHOLOGIE PERSONNELLE, *Choix de poèmes,* Actes Sud, Paris, 1993.

Prose

POUR LA RÉVOLUTION POUR LA POÉSIE, *essai,* Leméac, Montréal, 1974.

LE MÂT DE COCAGNE, *roman,* Gallimard, Paris, 1979.

BONJOUR ET ADIEU À LA NÉGRITUDE, *essais,* Robert Laffont, Paris, 1980 (réédité en 1989).

ALLÉLUIA POUR UNE FEMME-JARDIN, *récits,* Gallimard, Paris, 1981 (Bourse Goncourt de la nouvelle, 1982).

HADRIANA DANS TOUS MES RÊVES, *roman,* Gallimard, 1988 (prix Renaudot, 1988).

ÉROS DANS UN TRAIN CHINOIS, *nouvelles,* Gallimard, 1990.

Traductions

LE GRAND ZOO, de Nicolas Guillen, Pierre Seghers, Paris, 1966.

POÉSIE CUBAINE 1959-1966, anthologie (Éd. bilingue), Institut du Livre, La Havane, 1967.

AVEC LES MÊMES MAINS, de Roberto Fernandez Retamar, Pierre-Jean Oswald, Paris, 1968.

UN CATALOGUE DE VIEILLES AUTOMOBILES, de
César Fernandez Moreno, Saint-Germain-des-Prés-Unesco,
Paris, 1993.

En préparation :

La troisième rive de la rivière,
Mes années à la cubaine,
Un Haïtien dans le siècle, *trilogie autobiographique.*

LES AVEUGLES FONT L'AMOUR À MIDI, *roman.*

PROSE DU GRAND HÔTEL DE L'ABÎME, *récit.*

LA PETITE GALERIE NASSAU, *roman.*

Une gomme pour le crayon de Dieu,
Enfance en colonie pénitentiaire,
Bruit et fureur à Saint-Domingue,
L'année 46 en flammes.

Impression Bussière Camedan Imprimeries
à Saint-Amand (Cher),
le 15 septembre 1998.
Dépôt légal : septembre 1998.
1ᵉʳ dépôt légal dans la collection : février 1986.
Numéro d'imprimeur : 984421/1.
ISBN 2-07-037713-X./Imprimé en France.